福岡 寿

気になる子が活きるクラスづくり

発達特性を踏まえた保育のコツ

中央法規

はじめに

　筆者は平成8年度より保育園への巡回訪問を通じて、保育士等にクラスづくりや、発達障害・発達特性のある子(以下、発達特性のある子)への配慮等の助言指導を行ってきました。本書では医師の診断に基づく自閉症スペクトラム障害、注意欠如・多動性障害に加え、診断にはいたっていないがこうした傾向をもつ、いわゆるグレーゾーンの子どもたちも含め発達特性のある子としています。

　近年、保育現場は少子化のなか、園児の数は減ってきていますが、一方で配慮を要する園児、集団適応の難しい園児が増えてきている実感があります。

　落ち着いた活動が苦手で、離席をしたりクラスから出ていってしまったりする園児、お友達に手が出たり、保育士の指示や声かけに応じることなくおしゃべりをしたり、動きまわったりする園児も目立ってきています。園によってはクラス崩壊の様相を呈しているクラスもあります。

　こうした環境のなかで、発達特性のある子が集団適応していくのは困難であり、そのため、当初より集団適応を断念し、個別の配慮として集団から離れて、加配保育士等の対応で園生活を送ら

ざるをえない園児もみられます。

　しかし、保育士の声かけや指示がなくとも、園児が自ら動き、集中した活動を展開している園においては、発達特性のある子もクラスに入り、意欲的に活動に参加する姿を多く見てきました。

　そこで、この本では

❶　クラス崩壊を起こさないクラスづくりのために、保育士と園児との関係づくりの基本

❷　保育士の常時の指示や声かけがなくとも園生活を送っていけるクラスづくりの手だて

❸　発達特性のある子がクラスに適応していくための対応方法

などにつき、具体的なエピソードを交え、クラスづくりの具体的な筋道をまとめていきたいと思います。

　　　2019年2月

　　　　　　　　　　　　　　　　　　　　　　福岡　寿

Contents

はじめに

第1章 すべての子どもが気になる子にみえてくる「壊れていくクラス」

❶ 発達特性か？ 単にふざけているだけなのか？
愛着関係をもとめてまとわりついてくるのか？ ………………………… 2

❷ 達成感のもてる活動や負荷のかかる
取り組みができなくなる ………………………………………………… 6

❸ 園児との信頼関係をつくりたいとの思いから、
無意識に強化してしまったかかわりに気づく ………………………… 10

❹ 保育士がいつもニコニコ顔、幼児的しぐさでかかわると
「園児」を「幼児」にしてしまう ………………………………………… 14

❺ おもちゃやグッズがあふれているクラスは、
発達特性のある子にとって落ち着けない環境 ………………………… 18

第2章 クラスづくりのために必要な保育士のかかわり

❶ 「幼児」と「友達」ではなく、
「保育士」と「園児」の関係に徹する ………………………………… 24

❷ 一度経験させたことに、
くり返しの個別対応をしない …………………………………………… 28

Contents

❸ 保育士の立ち位置をブレさせず、
　園児自らが保育士を覗く関係を強化する……………………………… 32

❹ 園児にほどよい緊張感をもたせつづける ……………………………… 36

❺ 刺激につられて「反応」で動く子か、
　作業記憶をもちつつ「実行機能」で動く子かの違い ………………… 40

❻ 園児をいたずらに待たせつづけることなく、
　ほどよい緊張感のあるクラスにするために…………………………… 44

❼ 園児が保育士に視線を向ける習慣を、
　日常活動を通じて強化していく………………………………………… 48

第3章　真剣に、夢中で取り組める活動を組んでいく

❶ 一つひとつの動きを丁寧に組み立てていく…………………………… 54

❷ ルールをともなうゲームや遊びはジャッジが命。
　真剣な審判が園児を真剣にさせる……………………………………… 58

❸ 製作活動は9割の「視覚処理」と
　1割の「動作言葉」に徹する …………………………………………… 62

❹ 製作時、発達特性のある子には、
　その子の苦手さに応じた必要十分な配慮に留める…………………… 66

❺ 時計やタイマー、スケジュールボードを使い
　「実行機能」を育てていく……………………………………………… 70

❻ 園庭での自由遊びを、今後の活動の
　ヒント・きっかけづくりにしていく…………………………………… 74

第4章 **発達特性のある子を巻き込むために必要な配慮**

❶ 多くの園児が暗黙で理解できること、
　守れることをあえてルール化しない …………………………………… 80

❷ すぐに集団に適応させようとあせらずに、
　まずは、落ち着ける場所で過ごせる環境設定を……………………… 84

❸ 発達特性のある子のつぎの動きを
　予測する力(行動予測力)を身につけていく…………………………… 88

❹ 特性に配慮した対応のみに徹し、
　周りの園児に相対的な不満感をもたせない…………………………… 92

❺ 苦手な活動には、裏切らない「約束」で
　成功経験の幅を広げていく ……………………………………………… 96

❻ 発達特性のある子の意外な言動を「問題行動」ではなく、
　「創造的活動」の芽として活かしていく……………………………… 100

❼ 自ら活動を通じて自覚していく
　「スピード」「フィジカル」「ボリューム」コントロール ………… 104

❽ 特性の目立たない子に気づき、
　就学後不適応にならない配慮を講じていく ………………………… 108

第5章 **主活動保育士と加配保育士の連携でクラスづくりを強固にする**

❶ 相互に立ち位置をブレさせず、
　暗黙で連携し合う動きの確認…………………………………………… 114

❷ 園児の当番活動を強化し、
　保育士と園児が協働でクラスをつくっていく ……………………… 118

❸ 手ごたえある活動を通じて
　相互に支え合うクラスをつくる ………………………………………… 122

❹ 発達特性のある子にも、
　主活動保育士と加配保育士は暗黙のブレない対応を …………… 126

Q&A

Q1 クラスづくりをしっかり進めていきたいと思いつつも、発達特性のある子や発達のゆっくりな子に対する着脱など身辺面のかかわりに時間を割いてしまいがちです。 …………… 132

Q2 発達特性のある子をお友達と一緒に遊べるようにしたいのですが、思うようにいきません。 …………… 135

Q3 活動を早めに終えてしまい、することがなくなったときや、ゲームに負けて見学になったときなど、どうしてもじっとしていられず、お友達の活動を邪魔したりしてしまいます。 …………… 138

Q4 ゲームで負けるとかんしゃくを起こしてしまい、なかなか気持ちの切り替えができません。 …………… 141

Q5 お友達に手が出るなどの乱暴な活動が目立ち、お友達からも「○○くんは乱暴」と思われるようになってきてしまっています。 …………… 144

おわりに
著者紹介

第 1 章

すべての子どもが
気になる子にみえてくる
「壊れていくクラス」

1 発達特性か？ 単にふざけているだけなのか？ 愛着関係を求めてまとわりついてくるのか？

クラスによっては、半数程度が気になる子としてあげられてくる現状

　筆者は保育園で気になる子への対応について助言してほしいという園からの要請を受けて対象クラスに出向く際、これまでの経験上、全体の1割から2割程度の子に発達特性や、発達のゆっくりさがみられると考えています。通常20名のクラスであれば、3人から4人程度は気になる子としてあげられてきても平均的であると予測して保育園に出向きます。

　しかし、クラスによっては7人から8人、時にはクラスの半数程度の子が気になってしまうと担任保育士が困惑してい

るクラスにも、まま出会います。
　こうしたクラスでは、静かに着座していてほしい場面でも保育士の指示に耳を傾けることなく、友達とじゃれあったり、席を離れたり、友達に手が出たり、保育士にまとわりついてきたり、あるいは1人の園児がクラスから出ていってしまうと、続いて何人かの園児も同調してクラスから出ていってしまったりします。

主活動を始められず、個別対応に終始する

　保育士は主活動を始められず、一人ひとりの園児を連れ戻しにいったり、泣き出してしまう子や手が出る子への個別対応に終始したりで、着座そのものにも時間を割いてしまいます。そのため、着座して活動の開始を待っていた子も、落ち着かなくなって立ち歩いたりしてしまうことになります。
　時には、発達特性のある子の意外な言動がきっかけで、その言動をほかの子もまねてしまい、さらに収集のつかない状況になってしまったりします。
　結果として、クラスは
- 保育士が頻繁に動きまわり、その間、保育士の指示や注意の声や園児の声が飛び交う
- 保育士が、園児個々への対応に時間を割かれるため、クラ

スが無法地帯と化し、気がつくと、別のところでトラブルが発生する
● そのために、いつまでたっても活動を始められない。また、活動を始めてはみても、活動の体をなさない

という、騒然とした光景になります。

刺激過多のクラスは、発達特性のある子にとってよりつらい環境

　当然、こうした刺激過多のクラスでは、発達特性のある子は教室への入室自体を拒むかもしれませんし、注意欠如・多動性障害傾向の子はさらに輪をかけてクラスを騒然とした光景にさせてしまうかもしれません。

　クラスがこうした様相を呈してしまうと、保育士が、気になる子としてあげた園児のなかで、

● 「発達特性があって落ち着かない」それとも「単に悪ふざけで落ち着かない」

- 「愛着の不安から保育士に抱きついたり、泣きだしてしまう」それとも「ほかの子に同調して保育士にまとわりついている」
- 「発達がゆっくりとしているため、着替えの支援が必要」それとも「単に保育士にかかわってもらいたくて着替えの手伝いを待っている」

といった見極めが困難になってしまいます。

> **まとめ**
> - クラスの半数が気になる子にみえてくることもある
> - 発達特性のある子、同調して悪ふざけをしている子などの見極めができなくなる

2 達成感のもてる活動や負荷のかかる取り組みができなくなる

保育士からの関心獲得競争が生まれる

　気になる子が多く、保育士が個別対応をくり返すようなクラスでは、個々の園児とのかかわりが強化されてしまいます。そのため、保育士にまとわりつく子が増えてきたり、ほかの友達よりも、より保育士の関心を集めたい衝動にかられる子が増えてくる傾向が強くなります。

　朝の会の挨拶時の点呼一つでも、保育士の関心を集めるために、ことさら必要以上の大きな声で「はーい！」と返したり、わざと返事を拒否したり、「いいで〜す」と語尾を強めに伸ばしたり、通常の声量で歌ってほしい歌でも、怒号のよう

な声を張り上げて歌ったりする子が増えてきます。さながら、保育士の関心獲得競争のような様相を呈した活動光景になります。

通常、給食当番が「用意はいいですか？」と号令をかけるときには、かなりおふざけが支配しているクラスでも「いいです」と応じるものですが、こうしたときにも「いいで〜す」と語尾を強めにし、おふざけ気味に応じるクラスは、かなりクラス崩壊傾向になっているというのが筆者の実感です。

また、こうしたクラスでは、1人の園児が「あと3回……」とおふざけ気味に発した言葉に同調して、ほかの多くの園児も「あと3回……」とはやし立て、おふざけを強化する収集のつかない状態になってしまいます。

園児に活動を提案できなくなり、自由な園庭遊びに終始せざるをえなくなる

さらに、園児が個々の都合で自己主張を始めるため、単にクラスから遊戯室に手をつないで移動するだけのペアであっても、「〇〇ちゃんとは手をつなぎたくない」と拒否したり、保育士の提案に「いやだ」と応じたり、2回で切り上げようとした活動を「いやだ。もっともっと、あと1回」と主張したりしはじめます。また、園庭の遠くから、「〇〇先生、来てー」

と、自分専属の担当のように保育士を呼んだりします。

　こうしたクラスの状況をつくりだしてしまうと、保育士も本来意図した活動を園児に提案することを回避するようになります。製作活動も、園児に負荷をかける取り組みを避けるようになります。

　例えば、8工程で完成させるべき折り紙製作でも、最初の3工程を保育士側ですませておき、残りの5工程の折り紙製作にしたり、最初からレベルを下げた折り紙製作にしてしまったりします。さらに、園児の「やだー」「できない」「やって」の要求に応じて保育士が手伝わざるをえなくなるため、園児自身も達成感のない製作活動になり、夢中で取り組めば、ワクワク、ドキドキできるゲームや集団活動も、園児のおふざけやトラブル続出で不全感の残る活動に終始してしまうようになります。

　そのため保育士も、園児が受け入れてくれそうな活動しか提案できなくなります。できれば園庭や遊戯室で、お昼まで

自由遊びでしのぎたくなってしまいます。

発達特性のある子や発達がゆっくりした子を見極めるためには

　発達特性のある子や発達がゆっくりした子を見極め、こうした子に真に必要な配慮を講じていくためにも、単に騒然としたクラス環境に乗じてふざけてしまっている子が、こうしたおふざけ行動を取り下げたり、あるいは、本来1人で身支度や製作をやりきれる力があるのに、保育士からのかかわりを獲得したいがために手を貸してもらっていた子が、保育士の手を借りずに自らやりきろうとキャッチアップしたりする方向に、クラスの子どもたちを変えていく必要があります。

　そのためには、なぜこのような騒然としたクラス風景に至ってしまったのか、まずは、保育士が園児とのかかわりのなかで無意識に強化してしまったかかわりに気づくことが大切です。

> **まとめ**
> - 個別の対応に終始していると、クラス活動ができなくなってしまう
> - 保育士が無意識に強化してしまったかかわりに気づくことが大切

3 園児と信頼関係をつくりたいとの思いから、無意識に強化してしまったかかわりに気づく

困っている園児に対して安易に手伝ってあげたり、慰めてあげたりしたい

　筆者が年度当初に担任保育士に「クラスの様子はどうですか？」と尋ね、「まだ園児との信頼関係ができていないので、思うようなクラス運営ができていません」と現状を話すクラスで、数か月後に再度訪問した際にも「まだ、園児との信頼関係が……」と話すクラス、むしろ年度当初よりもさらに騒然となっているクラスに出会うことは稀ではありません。

　このとき、担任保育士の話す「信頼関係づくり」という背景を探ると、多くの担任保育士は、「一人ひとりの園児に丁寧

に対応していく」「一人ひとりの園児の思いに寄り添って、手を差しのべてあげる」「かかわりを求めてきた園児にはすべて無視せずに応えてあげる」、あるいは「困っていれば園児の側に近づいて進んで手伝ってあげる」「悲しそうなときには慰めたり諭してあげたりする」といった対応を意味しているようです。時には、園児と仲良しになってあげることが信頼関係づくりにつながると、率直に話す保育士もいます。

「園児」を「幼児」に戻してしまっていないか？
「友達関係」を強化していないか？

　しかし、こうした対応を日々くり返していく結果、保育士に近づいてきた園児の求めに応じて、ほぼ条件反射的におんぶや抱っこをしたり、「髪の毛をむすんで」とくる園児に全体の活動を止めてまでも対応したり、少し元気がないなと思える園児を慰めつつ、頭をなでたり背中をよしよしとなでて励ましてあげたりします。筆者は、こうした対応を、「『園児』を『幼児』に戻してしまう対応」と呼んでいます。

　あるいは、「マジー」「えー、どうして」と友達のような言葉で園児に話しかけつつ、一緒にじゃれ合ったりする場面にも出くわします。同様に、筆者はこうした関係を、「保育士と園児の関係ではない『友達関係』」と呼んだりします。

幼児的かかわりが強化されると、多くの園児は「○○ちゃんはいいな」「あんなふうにもしてもらえるんだ」という思いを募らせていくため、「抱っこ」や「高い高い」「頭をなでてあげる」などのボディタッチの要求が日に日に多くなっていきます。

　あるいは、保育士とじゃれあおうと近づいてくる子や、慰めてもらうために、些細(ささい)なことで泣きだしたり保育士に訴えにきたりする子、自分でできなくはないのに保育士が対応に来てくれるまでは服を着ないでいようとする子……。こうした園児が増えていきます。

　また、「友達関係」を無意識に強化してしまうと、保育士からの受け入れやすい活動の提案には「わかった」と応じますが、取り組みたくない活動には、気軽に「やだー」と拒むようになります。

　クラスによっては、多くの園児が個々の対応を求めて保育士を追いかけたり、まとわりついたりしてくるために、保育

士が逃げまわったり、時には、園児のいない場所に保育士がいったん隠れたりするようにもなります。

さらに、こうした風景が園全体に広がり、遊戯室での全体活動では保育士にまとわりつく園児に忙殺されて、騒然とした朝の遊戯室風景になっている保育園もあります。

こうした状況で困惑している保育士に、「先生は信頼関係の構築をと思うあまりに、個々への対応を過剰にしすぎてしまいましたね。そのために『園児』としてがんばろうとする『園児』を『幼児』や『友達』にしてしまったのではないですか?」と、これまでの対応を振り返ってもらったりします。

> **まとめ**
> - 園児と「信頼関係」を築くつもりが、「友達関係」になっていないか
> - 家庭とは違う、園や園生活における保育士のかかわりを振り返る

4 保育士がいつもニコニコ顔、幼児的しぐさでかかわると「園児」を「幼児」にしてしまう

いつもニコニコ顔は、かえって子どもを不安にさせる

　不安にさせたくないので、子どもたちには優しく接してあげたいという思いの強い保育士は、常に笑顔を絶やさず、幼児言葉や幼児的しぐさを多用します。また、頻繁に手をパチパチとたたいて子どもたちをほめてあげたりします。
　こうした保育士には「先生は、テレビ番組の歌のお姉さんのようですね」「そうした表情としぐさでかかわりつづけると、子どもたちに、先生は甘えさせてくれる人、ちょっとしたことでも慰めてくれる人、おんぶや抱っこをせがめばいつ

も応じてくれる人、という誤解を与えてしまいますよ」と、その後のクラスづくりに大きな支障をきたす危惧(きぐ)を伝えます。

　こうした話をすると、一様に「優しくすることやニコニコ顔がどうしていけないのか？」「幼児に対して幼児的しぐさでかかわることがなぜだめなのか？」「ほめてあげることはいいことなのに……」と、それまでよかれと思ってつくり上げてきた自らの保育士像に対して、とても困惑した表情を浮かべます。

　いつもニコニコした顔は、かえって子どもたちを不安にさせます。「先生、本当はどう思っているんだろう？」「いたずらをしたときでもニコニコ顔でしかった」……。こうした戸惑いをもちはじめると、保育士の本当の表情をあえて確認したくなり、わざといたずらをしてみたり、保育士にちょっかいを出してみたりの試し行動が多くなります。また、どんなに故意にいたずらをしても、保育士がいつもニコニコ顔でいるために、「さっきのぼくのいたずらは帳消しになったんだ」と理解します。

　また、頻繁にほめられつづけると、ほめられることがクラスの日常の風景になってしまい、本当に評価したいとき、本当にほめたい局面で効果を発揮してくれなくなります。

子どもの個々の求めに応じてかかわりつづける対応は、多くの子どもを不安にさせる

　さらに、こうした接し方がクラスの園児全員に等しくなされているのか、筆者はつぶさに観察することがあります。保育士にかかわりを求めてきた子どもに対して、条件反射的反応のように頭をなでたり、おんぶや抱っこをしたりしていることが多く見られます。

　あるクラスでプールの時間に、「先生、投げて」と手をバンザイして求めてきた子に対して、保育士は、投げてあげる対応が本当によいのか判断することなく、思わず抱え上げプールに投げてあげたところ、この対応を見て、「ぼくも、ぼくも！」と多くの子どもが保育士にまとわりついてきました。15分の活動中に57回、保育士はくたくたになりながら求めに応じて投げていました。

　さらに、その57回のなかで特定の子を17回投げてあげて

いました。カンファレンスでこうしたことを伝えると、「えっ、そんなに?!」という表情をされます。「結果として、先生は、求めてくる子に対して発生主義的な反応でかかわりつづけているんです」「○○さんを17回投げてあげる根拠はどこにあったのか」「投げてほしいと思っていても気が引けてプールの隅にたたずんでいた子を、保育士が投げなかった根拠はどこにあったのか」。こうした状況を振り返ってもらうと、よかれと思ってのかかわりが、実は多くの子どもたちにとっては相対的な不満足、ある種のえこひいきを生み出し、結果として子どもたちの関心集めの一等賞競争を強化してきたことに気づいてくれます。このような子どもの要求のままに対応しつづけてしまうかかわりは、要求に応じない場合よりさらに子どもたちを不安な気持ちにさせてしまいます。

　保育園のない休日のショッピングセンターなどで母親に連れられたクラスの子にたまたま会ったときには、幼児としてかかわるとしても、保育園で出会うときには「保育士」と「園児」の関係を大切にしてほしいと思います。

> **まとめ**
> - 保育士の「いつも笑顔で、優しく接すること」の影響を振り返る
> - 個々の要求に応じつづける対応は、多くの園児を不安にさせる

5 おもちゃやグッズがあふれているクラスは、発達特性のある子にとって落ち着けない環境

通常スルーしてしまう刺激物でも、発達特性のある子はスルーできない

　教室の中にたくさんのおもちゃが所狭しと置かれていたり、床に組み立てブロックが転がっていたり、だいぶ前から貼られている掲示物がはがれかけていたり、あるいは、昼寝の布団が今にも崩れそうに積まれていたり……。こうした環境は、発達特性のある子にとって落ち着けないクラス環境になります。

　多くの園児は、「ちょっと乱雑だな」と思うくらいでスルーしてしまうそれぞれのグッズなどが、発達特性のある子に

とってはスルーできない刺激物になってしまいます。

　それはあたかも、床に転がっているブロックが発達特性のある子に対して「ボクを蹴って、蹴って」とメッセージを出しているかのようで、そのメッセージに応えるかのように、発達特性のある子はブロックを蹴りに走ったりします。同様に、中途半端に崩れかかった布団は、あたかも「ボクを崩して、早く崩して」というメッセージを、はがれかかった掲示物は「ボクをはがして、早くはがして」とせかすメッセージを出しているかのようで、発達特性のある子にとってそれらは行動を誘引する刺激物になります。

　発達特性のある子は、そうした刺激物をスルーすることができません。そのため、道草を食ったり、着座が遅れたりすることが頻回になり、おもちゃやグッズが保育士の意図する活動にスムースに入っていくことの妨げになるのです。

　そうした意味では、「物があるべき場所に、きちんとある」という整った環境に配慮するだけでも、発達特性のある子の行動は落ち着きを取り戻してきます。

楽しませたいと思うあまり、教室をおもちゃやグッズでにぎやかにしない

　しかし、あえて教室を掲示物でにぎやかにし、おもちゃを

たくさん出しておくクラスもあります。「どうしてですか？」と尋ねると、「にぎやかなほうが子どもたちが喜んでくれる」「おもちゃがたくさん用意されているほうが子どもたちが楽しんでくれる」という意図が、保育士側にあるようです。それで、あえておもちゃ箱をひっくり返したような風景にしているようです。

　こうした意図をもつ保育士は、園児をできるだけ喜ばせたい、楽しませたいという思いが強く、自らも積極的に園児に近づいて抱っこをしてあげたり、あるいは、「すごい、すごい！」と過剰にほめてあげたり、「ジャジャジャーン！」と驚かせてあげたりする振る舞いが多くなります。

　結果として、「先生は、ぼくたちを喜ばせてくれる人」「ぼくたちのご機嫌を取ってくれる人」という意識が園児のなかに強化されていき、「〇〇くんよりもぼくをかまってほしい」「〇〇くんよりもぼくの機嫌をよくしてほしい」という行動につながっていくことになります。

これも、第1章❸でふれたように、園児一人ひとりを大切にしたいという保育士の思いの延長線上にある一つの風景です。

楽しませるのではなく「自ら楽しむ」園児、喜ばせるのではなく「自ら喜ぶ」園児に

　当初の思いは間違っていなかったとしても、結果としてこうした対応をくり返し、園児にまとわりつかれてへとへとになってしまった保育士に、「先生が園児を喜ばせるのではなく、園児自身が活動を通じて喜ぶんです」「先生が園児を『すごい、すごい』と過剰にほめるのではなく、活動を通じて、園児自身が『ぼくはできた』『わたしはやれた』と自らをほめるんです」と伝えて、「園児を喜ばせる保育士」から「園児自身が喜ぶことのできる活動をプロデュースする保育士」にシフトしてください、と提案したりします。

> **まとめ**
> - 「楽しませたい」との思いからおもちゃやグッズでにぎやかにしすぎない
> - 保育士は、園児自身が楽しめる活動をプロデュースしていく

第 2 章

クラスづくりのために
必要な
保育士のかかわり

1 「幼児」と「友達」ではなく、「保育士」と「園児」の関係に徹する

保育士がどれだけ自分にかかわってくれるか試し行動をする

　園児は、入園当初、保育園の先生も、お母さんやおばあちゃんのように自分にかかわってくれ、着替えの手伝いをしてくれたり、「○○するのよ」と世話をやいてくれたり、手を差し出せばおんぶや抱っこをしたりしてくれるかもしれないと期待します。また、時には、おじさんやおばさんやきょうだい、いとこのような存在として遊んでくれるかもしれない、と期待します。

　そうした、家庭の延長線上としてのかかわりがどこまで受

け入れてもらえるか、さまざまに試し行動をします。

　同年齢の同じクラスの友達がそうしたかかわりを許されているとすれば、自分もそうしたかかわりをしてもらおうと求めてきますし、自分が一度、おんぶや抱っこをしてもらえれば、明日もしてもらおうと思います。時には、まるで暗黙の了解のように、園児が近づくと、無意識に抱っこやおんぶのしぐさで受け入れ態勢をとったり、さらには、園児が特に要求しているわけではないのに、あえて自ら近づいて「高い高い」をしてあげたりする、共依存的な保育士もいます。

　また、身辺面の対応に対しても、一人ひとりの発達特性や発達の個人差を理解したうえで、その子に必要十分な配慮として身辺面の手助けをするのではなく、過剰に手を出してしまう保育士もいます。

　こうした保育士は、一か所に落ち着くことなく、せわしなく個々の園児に近づき、ひたすら動きまわってしまいます。そして、その動き自体がクラスの落ち着きを乱していることに気づけていません。

　こうした保育士の振る舞いを切り替えていく必要があります。

ひとたび保育園の敷地に入ったら、「保育士」と「園児」の関係

　そのためには、保育園という場所は、同年齢の子どもが家庭から離れ、日中、社会生活を営むはじめての場であるという受けとめをしてほしいと思います。保育園はそうした社会のさまざまな決まりごとや現実を学ぶ場（社会化）であるという自覚を園児に意識化させていくことが大切です。

　筆者の訪問する保育園では、一村一保育園という小規模の園もあります。そうした園では、保育士であるお母さんが、わが子を自分の働く保育園に入園させている例も稀ではありません。

　そうした保育士には、わが子を車に乗せて通園する際、園の駐車場までは親子でしょうが、ひとたび園の敷地に、あるいは園の玄関に一歩入ったら、「保育士」と「園児」の関係に切り替わってください、とお願いすることもあります。

　当然、園児に対し、「幼児」としての呼び方（「○○ちゃん」）

で呼ぶのではなく、「○○さん」「○○くん」と呼んでほしいですし、まるで友達のように、「やってねー」「わかった？」のような「友達」同士が会話するようなやり取りは控え、「○○します」「○○してください」という伝え方を心がけてほしいと思います。

そうした積み重ねのなかで、「自分は『園児』なのだ」「おうちにいるときのようにすぐに甘えてはいけない」「『先生、○○してきます』という伝え方をしなくてはいけない」という「園児としての自覚」を育てていってほしいと思います。

そのなかで、大人に頼らなくてもできることは自らやりきろうとする力、人に世話をやかれなくとも、自ら「つぎはいすに座るんだ」「トイレに行ったあと、帽子をかぶってから玄関に行くんだ」と、作業記憶を維持させつつ動ける子に育てていってほしいと思います。

こうした動きを強化するためには、一度経験させたことについて必要以上の指示を出さない、世話をやかないという保育士の意識づけが重要になります。

まとめ

- 保育士が個々の園児にかかわろうとひたすら動きまわると、クラスが落ち着かなくなる
- 自らつぎの行動をとる「作業記憶」を園児に身につけてもらうよう保育士は意識する

2 一度経験させたことに、くり返しの個別対応をしない

個別対応がどんどん増えてしまう

　園児が「これはどうしたらいいのかな？」「どこに取りに行けばいいのかな？」「どこに片づけたらいいのかな？」と戸惑いつつも手がかりを見つけようとしているときに、保育士はよかれと思って、つい園児に声かけをしたり、近づいて手を差しのべたりしてしまいがちです。

　この対応をくり返すと、毎日対応してもらいつづけることが当然と受けとめる園児が増えていってしまい、結果的に、保育士が園児に対して人海戦術のように個別対応しなければならない日々になります。

保育士はしかるべき立ち位置で、園児が気づく手がかりを示す

　この個別対応の方法を切り替える必要があります。
　そのためには、一度経験させたことにはくり返しの指示や対応を控え、園児が自ら「アッ、あそこだ！」「アッ、こうするんだった！」と気づき、自ら取りに行ったり、片づけに行ったりする動きを強化していくことが重要です。この動きを強化するためには、園児が気づける手がかりをきちんと用意し、園児が戸惑ったときには、保育士は必ずしかるべき立ち位置で、アイコンタクトや指差し等で手がかりを示唆する日々を積み重ねていくことが大切です。
　例えば、製作中、園児がセロハンテープで貼りたいと思ったときに、保育士はセロハンテープの位置を確認させ、一度一緒に貼ってあげることは経験として大切です。
　しかし、翌日同じ状況になったときには、保育士は個別対応を控え、必ずしかるべき立ち位置で園児がセロハンテープを必要とするタイミングで手がかりを指し示し、園児が「アッ、そうだった！」と気づき、自らセロハンテープを切って、戻って、貼るという一連の動きを強化させていくのです。
　ティッシュペーパーで鼻をかみ、ごみ箱に捨てるという一

連の動きにも、提出物をカバンから出し所定のケースに収めるときも同様です。その際、セロハンテープの位置、ティッシュボックスとゴミ箱の位置、提出物を収めるケースの位置等々は、場所を日替わりメニューで変えてしまったり、用意することを忘れてしまったりすることなく、手がかりとして裏切らない環境設定が必要です。

　また、「今日のお当番は？」「今日の遊戯室でのゲームは？」などの情報は、部屋の正面のホワイトボードに提示するという環境設定を大切にし、「情報はホワイトボードに示してあるのだから、自ら確認に行ってきなさい」という、自らの行動や今後の見通しの手がかりに気づかせる対応を積み重ねていくことが大切です。

保育士が園児に「近づく、近づく」から、園児が自ら「行って戻る、行って戻る」クラスに

　こうした積み重ねを通じて、これまで保育士が個別対応をくり返し、結果として個々の園児に「近づく、近づく」という

動きであったクラスが、個々の園児が自ら「行って戻る、行って戻る」という動きが強化されるクラスに変わっていきます。

その際、園児が戸惑ったり困ったときには、必ず保育士はしかるべき立ち位置で気づかせてあげますよという、保育士の位置取りが大切です。保育士が闇雲に動きまわったり、個々の園児にかかりきりになっていたり、園児に終始背を向けていたりという振る舞いを控えることが重要です。

同時に、保育士は、全体を俯瞰しながら、園児自らが気づき、動けているかの評価と保育士の環境設定が効果的であるかの、自らの取り組みをあわせて評価するというモニタリングも必要です。

園児が保育士に頼るのではなく、自ら手がかりを見つけなくては、という意識をもちはじめてくると、保育士に「これでいいの？」と確認のためのアイコンタクトを求めたり、今、保育士はどこに立っているのか、保育士は何を意図しているか、保育士を覗く、保育士に視線を送る、保育士の視線をいつも気にかける、という園児が増え、自ら行動するクラスにつながっていきます。

> **まとめ**
> - 園児が「アッ、そうだった」と気づき、自ら行動する環境をつくる
> - 保育士が園児に「近づく」のではなく、園児自らが「行って戻る」クラスに

3 保育士の立ち位置をブレさせず、園児自らが保育士を覗(のぞ)く関係を強化する

園児が保育士に視線を送る
──「保育士を覗く」という習慣の日常化

　保育士が、用意したクラス環境で園児が自ら気づいて動くことができるかを評価しつつ、園児一人ひとりに視線を送り、園児の側も「先生は自分を見てくれている」「評価してくれている」「困ったときには、手がかりを示してくれる」という関係づくりが強化されていくと、園児が保育士に視線を送る、保育士を覗くという習慣が日常化していきます。

　こうした日々の積み重ねのなかで、クラスでの製作時も、園庭での自由遊びのときも、園児は保育士が「今どこにいる

か?」「どこに注目しているか?」「どこに移動しようとしているか?」など、保育士の動きに関心をもつようになり、あわせて保育士の意図も理解するようになってきます。

　そのためにも、保育士の立ち位置は重要です。

　朝の挨拶後、オルガンに移動する動きで「アッ、いつもの歌が始まる」と理解したり、部屋のドアに立つことで「アッ、クラスから遊戯室への移動だ」とつぎの動きを理解するようになります。同時に、保育士の動きを先取りしながら自ら歌う姿勢に切り替えたり、遊戯室に向かうために所定の位置に整列しようと移動したりするようになり、こうした動きを途切らせることなく一連の動きを進めていけるようになります。

　例えば、「園庭活動」という指示で、園庭活動に至る一連の手順として、①トイレ⇒②洗面所で手洗い⇒③自らのロッカーに行き帽子をかぶる⇒④園庭側の玄関で靴の履き替え⇒⑤園庭の犬走り(園庭と外玄関の間に設けられた細長い通路)に着座、活動の開始を待つという一連の行動が身についてきます。

　こうした一連の動きに対して、園児は「つぎは……、つぎは……」とつぎの動きを織り込みながら行動できるようになっていきます。

その際、保育士は、例えば①教室中央の立ち位置で「園庭活動」の指示を出したあとは、②教室のドアに移動して立つ。③トイレと洗面所を確認できる位置に立つ。④教室に戻り、園児一人ひとりがロッカーに帽子を取りに行く動きを評価しつつ、戸惑っている園児には手がかりを示す。⑤園庭側のドアに立つ。最後は⑥園庭の犬走りの前に立つ。こうした立ち位置から立ち位置への移動を、「つぎは……、つぎは……」という園児の動きを裏切ることなく、示していくことが重要です。

「作業記憶」を継続し、「実行機能」をもって行動する園児に

　筆者は、こうした、園児が日々の積み重ねのなかで、「つぎは……、つぎは……」と一連の動きを織り込みながら行動できるように変容してきたクラスの保育士に対して、「作業記憶を間断なく継続し、実行機能をもって行動する力が、園

児個々についてきましたね」と取り組みを振り返ってもらったりします。

その都度、「丁寧な指示をしなければ」という思いから、いつもの日常化されたルーチンの動きに対しても、「みなさん、園庭活動をします。いいですか？ ①トイレ、②手洗い……」と毎日のように指示を出す対応をくり返すと、園児が自ら身につけた「実行機能」を弱めてしまい、保育士が指示を出すまで行動を起こさないクラス状況をつくり出してしまいます。

保育士は、自らの立ち位置をブレさせず、日常化した動きに対してはその都度の指示を控え、園児自らの「作業記憶」を間断なく継続できる動きを強化してほしいと思います。

もし、「今日は、靴を履かずはだしで園庭遊びをさせたい」という予定であれば、「園庭遊びをします。今日ははだしです」という指示に留め、その「はだし」という言葉のみを園児がしっかり「作業記憶」に留められるようにし、園児が靴を履くことなく「はだし」で犬走りに向かえるかを園庭側の玄関に立って評価していくことが大切です。

> **まとめ**
> - 園児が安心して活動し動くためには、保育士の立ち位置が重要
> - 「作業記憶」を継続し、「実行機能」をもって自ら行動する園児に

4 園児にほどよい緊張感をもたせつづける

「3、2、1スタート」なら、裏切らずに「3、2、1スタート」

　例えば、遊戯室への移動のため、クラスのドアの前に園児が整列した際、保育士が出発に向け「5、4、3……」とカウントダウンでスムーズな移動を試みる場合には、カウントダウン「……2、1」ですぐにスタートを切る覚悟が重要です。

　移動する際、クラスの電気を消してスタートする取り組みであっても同様に、電気を消したと同時に移動する姿勢が園児にほどよい緊張感をもたせてくれます。

　「全員の整列が整っていないな」「まだ整列しないでウロウ

ロしている子がいるな」と保育士が躊躇(ちゅうちょ)し、最後のカウントのペースを緩めたり、カウントダウンをし終えたのに間をおいてしまうと、カウントダウン⇒スタート、あるいは、電気を消す⇒スタートの約束を、保育士が自ら裏切ってしまうことになります。

　一度この対応をしてしまうと、「先生は、カウントダウンはするけど、並びきらない友達を必ず待ってあげるに決まっている」という思いを園児に抱かせ、また、まだ並びきらない園児に対しては「どうせ、カウントダウンはするけど、ぼくたちが並ぶまではスタートしない」という誤学習を、とりわけ並びきれていない後発グループの園児に与えてしまいます。

　このように、「後発グループが間に合うまでは、全体の活動を待つ」という対応を継続していくと、単に整列そのものに時間がかかり、移動そのものに時間を費やすばかりでなく、さらに、園児の「つぎは……、つぎは……」という「作業記憶」をも弱めてしまいます。

　保育士には、「つぎは整列だ」と並びはじめた園児の動きを裏切らず、カウントダウンと同時にスタートすることで、その動きに誘引されて、後発グループでも「アッ、並ばなきゃ」という園児が、今日は1人、明日は2人と増えていくはずだ

という確信をもって、園児に向き合う姿勢をもちつづけてほしいと思います。

「はい、それじゃ」を連呼しつづけると、園児は「実行機能」をはたらかさなくなる

　活動を開始する際に、「はい、それじゃ」「はい、みなさんいいですか？」「はい、つぎは……」と、つい、「はい、……」と園児に声かけをしてから活動を始めようとする保育士の場合、多くは、長年にわたる日々の保育活動のなかで、そうした声かけが保育士の癖になってしまっている場合が多いと思われます。

　園児が「つぎは……、つぎは……」と「実行機能」を落とさないようにスタンバイできる集団になってきているのに、つい「はい、それじゃ」と言いつづけてしまうと、「先生は、いつも『はい』と自分たちに注意をうながしてから活動を始める」という理解を園児にもたせてしまい、「先生は『はい』と言う

までは活動を始めないので、それまでは先生を注視しなくとも、自由にしていてもいい」という意識を育ててしまいます。そうすると「つぎは……、つぎは……」という「実行機能」を弱め、友達とのおふざけやじゃれつき遊びが強化されていきます。

　保育園巡回のカンファレンスの際、「先生は、今日、活動開始の朝９：15分から30分までの15分間で『はい、それじゃ』『はい、いいですか……』と、『はい』を25回も言っていましたよ」と伝えると、「えっ、そんなに言っていましたか？」と驚く保育士もいます。このような口癖は、意外に自分では気づいていないことが多いと思います。

　そのため、「次回の保育園巡回までの先生の取り組みは、『はい、……』という園児への声かけをどれだけ減らせるかという自分との闘いです」とお願いしたりします。

> **まとめ**
> - 活動のスタートやカウントダウンは、最初の約束を裏切らない
> - 保育士の「はい、それじゃ……」という声かけは、園児にとってもクセになる

5 刺激につられて「反応」で動く子か、作業記憶をもちつつ「実行機能」で動く子かの違い

朝の片づけから点呼までの園児の動きでわかるクラスのまとまり具合

　登園後の自由遊びが終わり、室内のおもちゃやグッズが片づけられ、机が窓際に積まれると、教室はオープンスペースになります。そこで、保育士は、トイレ⇒体操座り⇒朝の挨拶……という流れで活動を開始しようと試みるとします。

　その際、トイレから出てくる園児がどのような行動をとるか、朝の片づけから点呼までの間の園児の動きでクラスのまとまり具合がおおむね予測できます。

　通常は、トイレから出てくるときに「つぎは、朝の点呼だ。

○○の場に体操座りだ」と多くの園児が道草を食ったり、友達とじゃれ合ったりせずに体操座りで集まることになります。こうしたクラスの園児は、「つぎは○○、つぎは○○の場に移動して○○……」とつぎの動きを織り込みながら活動を継続してくれます。こうした園児を、筆者は「作業記憶を維持しつつ、実行機能で動ける園児」と表現します。

　しかし、こうした実行機能の育っていないクラスでは、おおむね、
●オープンスペースで走りまわる
●「アッ、○○先生だ。遊んでもらおう。抱っこしてもらおう」
　と保育士に駆け寄っていく
●たまたま鉢合わせした友達同士で戦隊ごっこをする
といった行動がみられます。

　また、筆者のように巡回チームが廊下などでクラスの様子を観察していると、「おじさん、だれ？」とかけ寄ってきたりします。そして、なかなか、体操座りで集合しようとしてくれません。

　こうしたクラスに発達特性のある園児がいれば、さらに、特性に応じた刺激反応で着座に時間を費やし、結果として朝の会の開始時間が遅れていきます。

「反応」で動く園児を、手遊び歌などで「反応」させてひきつける方法でまとめざるをえない

　こうしたクラスの園児を筆者は、「その都度の刺激に引っ張られ『反応』で動く園児」と表現します。

　「つぎは○○だ」という実行機能をはたらかせてくれないので、保育士が個別対応で、時間をかけて園児を着座させたりします。しかし、刺激反応がベースにあるため、着座をしても「つぎは○○だ」という姿勢で保育士に視線を向けることなく、友達同士でじゃれ合ったりします。

　そこで、保育士は活動を開始するために、「グー・チョキ・パーで……」、あるいは「一本橋、二本橋……」「こぶた、タヌキ……」というような手遊び歌で園児の気を保育士側にひきつけます。

　急いでいるときには、「みなさん⇔はーい」というなかばルーチン化した「反応」で保育士側に顔を向けさせたりしま

す。園児は、こうした活動に反応して、いったんは保育士の手遊び活動に参加しますが、すぐに落ち着きをなくします。

　こうしたクラスの保育士は、園児の関心を保育士側に向けさせるために、頻繁に手遊び活動で園児を一瞬ひきつけながら、四苦八苦しつつ活動を継続させていくことになります。こうした日々のなかで、保育士も混乱やトラブルを避け、できれば昼食まで園庭や遊戯室での遊びや室内での自由遊びで過ごしたいという気持ちが強くなっていきます。園児も、達成感や手ごたえのある活動を経験することなく、メリハリのない自由遊びで昼食まで過ごすことになります。

　「一体、どこから手をつけていったらよいのでしょうか？」と当惑する保育士には、本章でふれたような取り組みを進めていってもらうことにしています。

まとめ

- 園児の気をひくためのその場限りの手遊びや歌遊びでは、その後の活動が続かなくなる
- 保育士が手をかけすぎるのではなく、園児自らの気づき・行動をうながす

6 園児をいたずらに待たせつづけることなく、ほどよい緊張感のあるクラスにするために

園児を待たせることなく、プレ活動を始めることで早くエントリーしたい気持ちを育てる

　集合していない園児が、「ぼくがエントリーするまではスタートしない」という活動を継続していると、全体が集合するまでに無用に時間を費やしたり、すでに並んで順番を待っている園児が落ち着きをなくしてしまったりします。
　例えば、プール活動で、シャワーをかけてもらい、プールサイドに座り、全体が座り終えたところで活動開始、というスタイルをとっているとします。仮にクラスの園児が25名で1人にシャワーをかける時間を7秒とすると、最初の園児

がシャワーを浴びてプールサイドで待ち、座ってから最後尾の園児がシャワーを浴び、プールサイドに腰を下ろすまでに3分ほどの時間を消費していることになります。しかし、この3分間で1人の園児が実質的に行った活動は、シャワー7秒です。こうしたタイムロスにも保育士は敏感になってほしいと思います。

　最初の園児がシャワーを浴びてプールサイドに座りはじめたら、複数の保育士がいればそのうち1人の保育士が、足のバタバタ等プレ活動を始めていく。もし、保育士が一人体制であれば、当番園児が足のバタバタを先導していく。そうした動きを見せることで、順番待ちの園児に、「早くプールサイドに座らなきゃ」という気持ちが育っていきます。その結果、1人に7秒費やしていたシャワーが5秒になり、その間、無駄に待つことなくプレ活動に入っていけるようになります。

「百聞は一見に如かず」で活動を理解できる環境であれば、無用な説明を加えない

　また、遊戯室でサーキット活動などに取り組む際、時計回りに、鉄棒⇒跳び箱⇒マット⇒くねくねトンネル⇒平均台が用意されているとします。通常多くの園児は、この環境を見

ただけですぐに活動を理解します。仮に、戸惑っている園児がいたとしても、先行する園児の動きを見て活動を理解します。

　こうした環境を準備したにもかかわらず、サーキットを前に園児に対して説明に時間を費やすのは園児の心の動きを削いでしまいます。活動は、相撲の立ち合いのように、「わかった！ スタートしたい！」とからだが動いたタイミングで、「○○くん先頭、スタート」と行動を切らせてあげ、時間いっぱいサーキットにチャレンジさせてあげることが意欲的な活動につながります。

　跳び箱の尻もちをつかない跳び方、手を伸ばし直線上に体勢を保つことでマットを軽快に転がれることなど、こうした指摘は、まさにその場で端的に説明したり、園児がその場で戸惑って保育士にアイコンタクトを求めたときに指摘したりしてあげることが効果的です。

　あるいは、１回目はマットの転がり方のポイントを説明す

る、2回目は跳び箱の手をつくポイントに注意を払うなど、こうした説明や注意点は、最初にすべて説明してしまうよりも、動きを見ながら本当に必要な点について、本当に必要な場面で示し、1回でも多くサーキットができる保証をさせてほしいと思います。

　説明に時間を費やしてしまうと、園児に「先生は見てわかることでも必ず説明をして、『はい、いいですか？』と言う。それまではスタンバイの姿勢をとらなくてもいい」という学習をさせてしまいます。それは、クラスのほどよい緊張感を弛緩(しかん)させてしまいます。

　また、今まさにサーキットにチャレンジしたいという園児の「want(〜したい)」の気持ちが、先生の説明どおりにやらなくてはという、「must(ねばならない)」という義務感の取り組みになってしまったりします。

> **まとめ**
>
> ● 保育士の説明どおりにしなければならないという "must(ねばならない)" ではなく、今まさにチャレンジしたいという園児の "want(〜したい)" という気持ちをつかむ

園児が保育士に視線を向ける習慣を、日常活動を通じて強化していく

　保育士が園児の関心をひきつけ、保育士に顔を向けさせるのではなく、園児が自ら活動や行動の手がかりに気づいていくという習慣を身につけていくためには、日ごろから保育士に視線を向ける、保育士を覗くという行動様式を、日常活動を通じて強化していってほしいと思います。
　その際の、いくつかの工夫や対応上の配慮を整理してみたいと思います。

振りまねやしぐさなど、保育士がモデリングし、園児が保育士のしぐさをまねる習慣

　製作活動の説明時には、口頭だけでなく、「はさみチョキ

チョキ」「のりでグリグリ」など、園児も保育士の手や指のしぐさをまねて、エアー活動的に振りまねをさせていく。
　あるいは、「今日は水曜日。あと3日で発表会」というスケジュールを伝える際にも、園児も自ら手を出して「水、木、金……」と指を折って数えていくなどの動作を入れていく。
　また、プールでの準備体操やプールサイドで足をバタバタさせるときなど、「はい、足バタバタ、首右左」と言葉で指示するのではなく、しぐさだけ見せてまねさせていく。園児が保育士のしぐさを見なければどこをバタバタさせるか、どこを右左にするのかわからないという状況で保育士のしぐさに視線を向けさせていく。しぐさ、ジェスチャー等で示せるのなら、言葉で二重の指示を出さないという配慮も、視線を向けさせていく取り組みとして有効です。

視覚で追いながら、何が書かれたかを当てていくクイズゲームなど

　朝のちょっとした手遊びなどの活動時に、保育士が指をなぞりながら、何を描いたか園児に追視させながら答えていくクイズゲームなども盛り上がります。
　例えば、「へのへのもへじ」、ドラえもんやアンパンマンなどのキャラクター、「あ、C、3……」など文字や数字を描き

ながら何を描いたか園児に答えさせていく。

　ある保育士が、歌を歌いながら追視させている取り組みを見て、「おもしろい活動ですね」と伝えると、「ビジョントレーニングとして活かせると思いました」と教えてくれました。発達特性のある子のなかには、眼球を左右に動かして追視することが苦手なタイプの子もいます。「ビジョントレーニング」は、そうした特性のある子にとっても有効な活動になります。

声かけと同時にボディタッチをして園児を移動させたりしない

　遊戯室などの場で、体操をするために並んだり、輪になって内向きに座ったりする際、園児同士が接近しすぎているとき、「少し間を空けて」と声かけをすると同時に、園児のからだを抱えて動かしてしまうことがありますが、こうした対応を控え、「○○さん」と声かけし、こちらに視線を向けたとこ

ろでジェスチャーで園児に気づかせ、園児自らが間隔を空けるようにさせていきます。

　ある保育園で、遊戯室での全体活動のときのこと、3歳未満児から年長児まで全園児が遊戯室にひしめき、騒然としていました。全体活動を始めようとしている保育士が、ステージの上で全体にどんなに声かけをしても、騒然としたなかで効果はありませんでした。

　保育士がややあきらめ気味に、「はぁー」とため息をついて、ステージに足を垂らして座ってしまいました。そのいつもと違う保育士の振る舞いに、多くの園児がステージの保育士に視線を向けました。そのとき、保育士はただジェスチャーで、「座る」という手のしぐさをしました。ほぼすべての園児がそのしぐさで体操座りになりました。

　午後のカンファレンスの際、保育士にこの対応を振り返ってもらったとき、保育士は、「あのしぐさが一番効果的でした」と何かに気づいた表情で話してくれました。

> **まとめ**
> - 日々の活動のなかで、保育士に視線を向ける習慣を園児に身につけてもらう
> - 園児自らが活動や行動の手がかりに気づくように配慮する

第 3 章

真剣に、夢中で取り組める活動を組んでいく

1 一つひとつの動きを丁寧に組み立てていく

ドッジボールを花開かせるためには、最初は爆弾ゲームで夢中にさせる

　ドッジボールなどのゲームは、真剣に取り組めばいくつになってもワクワク、ドキドキ、そしてハラハラできる、まさに夢中になれる遊びです。

　複雑なルールがあるわけでもなく、ボールをぶつけられたら場外に出る。ボールを敵にぶつけたら場内に戻れる。最後まで場内に残った数の多いほうが勝ち、という比較的単純なゲームです。

　しかし、発達段階での個人差や発達特性のある子も含まれ

る保育園児の集団では、ゲームのルールの理解の差、判断や動きの俊敏性の差等々、全員が夢中になれるゲームにまで育てるのは容易ではありません。

　簡単にルールを説明してすぐに実践を、といっても、ぶつけられないようにただ逃げまわることに終始したり、一方で特定の子だけがボールを支配するようになったり、ラインを越えても気づかなかったり、相手方ラインに行ってしまったボールを追いかけてしまい、そこで奪い合いのトラブルになったりと、混乱とトラブルを生むリスクがあります。

　夢中で取り組めるドッジボールに育てるためには、一つひとつの動きやルールを、類似の遊びを通じて丁寧に組み立て、園児のからだに動きとして落とし込んでいくことが大切です。例えば、

❶　最初は、ボールに当てられないように夢中で遊戯室内を逃げまわる。保育士にぶつけられてもけがをする心配のないセラピーボールで園児を倒す「爆弾ゲーム」

❷　1つのサークルに入って、周りから転がってくるボールに、サークルのラインから出ないように気をつけながら逃げる「転がしドッジボール」

❸　追いかけっこをしながらタッチし、タッチされたら固まる。固まった友達に仲間が再度タッチしたら復活できる「こ

おり鬼ゲーム」あるいは「しっぽ取りゲーム」

❹ 目的に応じて陣地を移動する「引っ越しゲーム」

など、こうしたゲームを積み上げていくことが、少し複雑な、しかし、それだけにより真剣で夢中になれるゲームに達成感をもってチャレンジしていくことになります。

　こうした動きを多くの園児が夢中でできるようになると、友達が入り乱れて動きまわるようすが、まるでジャングルのように見えるため、ゲームに入っていけなかったり、入っても動きがわからず、マイルールの動きでゲームそのものを混乱させてしまったりしていた発達特性のある子も、チームに入って真剣にゲームに参加できる姿に変わっていきます。

Aの動きを固め、つぎにA＋Bの動きを固め、つぎに(A＋B)＋C……

　そこで、Aの動きをしっかり固め、つぎにA＋Bの動きを固め、つぎに(A＋B)＋C、そして、(A＋B＋C)＋Dの動

きを固めていくという筋道で、夢中で取り組める活動として花開かせていってほしいと思います。

　1回目の巡回訪問の際、朝の歌の前に、リズムに合わせて、手を斜めに振り上げ、振り下ろす動きを重ねていたクラスがありました。2回目の巡回の際、運動会の発表種目で太鼓のバチを全員そろえて見事にたたいている練習風景になっていました。保育士は、「太鼓のポイントはテンポのそろった、一糸乱れぬバチさばきなので、春からその動きAを強化していました」と話してくれました。これも、年度当初から「Aの動きを固め……」という見通しをもった活動の組み立てをしてきたクラスだからこそと感心したことを思い出します。

> **まとめ**
> - ルールを説明するだけでなく、発達段階に応じた活動を取り入れていく
> - Aの動きを固め、つぎにA＋B、そのつぎに（A＋B）＋Cの動きを固めていく

2 ルールをともなうゲームや遊びはジャッジが命。真剣な審判が園児を真剣にさせる

保育士がホイッスルを吹いたら、全員が保育士のジャッジを注視するくらいに

　例えば、ドッジボールの際、思わず園児がラインを越えてしまったときの判断。ボールが当てられたのがセーフになる首から上なのか、アウトになる首から下なのかの判断。転がったボールが相手チームのラインを越えたのか、こちら陣地のボールとして生きているのかの判断。

　こうした判断に対して保育士が真剣なジャッジをしつづけていかなければ、多少の不正が許されるという理解につながります。「友達はアウトだと言うけどぼくは当たってない」

「ボールを遅れて取りに行ったけど、自分のボールにして見逃してもらえる」「ホイッスルが鳴って終了しても、もう少し続けてしまおう」。こうしたゲームの風景になり、ゲームそのものに真剣さがなくなり、逆におふざけやマイルールの動きが増えていきます。
　また、保育士自身も、「〇〇くんが当てられてしまうと必ずかんしゃくを起こすので、当たったけれど微妙なのでセーフにしてしまおう」「〇〇さんは一番になれないと友達に手を出してしまうので、ゲームの時間が過ぎているけれど、1番になるまでもう少し続けよう」という、とりわけ発達特性のある子への過剰な配慮をしすぎてジャッジやルールをいい加減にしてしまうこともあります。
　ゲームや遊びに夢中で取り組め、園児に達成感をもたせたいと意図したときに、最も大切なのは保育士が真剣なジャッジをしつづける姿勢です。
　保育士は、迷わずホイッスルを吹いて真剣なジャッジをしつづける覚悟が必要です。そして、ホイッスルが鳴るたびに、園児すべてが保育士の判断を注視する風景にしていくことが大切です。
　発達特性があって、注意が向かず思わずラインを越えてしまうAくんでしたが、ラインを越えてはいけないと、友達が

ライン際で真剣に踏みとどまる振る舞いを日々目にするなかで、自らもライン際では真剣に踏みとどまる振る舞いをまねるようになりました。

　言葉で「ラインを越えないようにしましょう」と注意して自覚化させることと、友達の真剣な動作を取り込んで自らラインを越えない動きを自覚化させるのとでは、格段の違いがでます。そのなかで、当初は、後ろのほうで陰に隠れて動いていたAくんでしたが、前線に出てラインを越えないように動きまわるAくんに変わっていました。

園児が1人欠席しても、10対11の不公平なチーム構成にしない

　また、平等性を真剣に園児に理解させていくことも大切です。

　例えば、赤チームと白チームの人数に差があるときに、これくらいはいいだろうとゲームを進めてしまうのではなく、

「赤チームは友達が1人欠席で足りないので、復活メンバーを1人選んでください」という姿勢が、「ずるをして勝ってもおもしろくはない。対等で平等な条件で取り組まなければ達成感がない」という園児の意識を育てます。

　あるとき、園庭の自由遊びで何人かの男子園児がサッカーのまねごとのような遊びをしていました。遊びに入る前に人数を確認したり、「ぼくが審判役をやる」と申し出る園児が出てきたりというようすから、主活動のゲームで学んだ、ルールを守ること、平等・対等な条件を大切にすることを自由遊びの場面でも活かしている場面に出会いました。

　園庭遊びを一緒に観察しながら、「遊びでも真剣にやってくれると、無用なトラブルも減り、ちょっとしたことで泣き出したり、訴えたりする園児が減りますね」と、保育士が園児の変化を喜んで話してくれたことがありました。

まとめ

- 真剣なジャッジにより「ルールを守ること」「平等・対等な条件を大切にすること」を学ぶ
- おふざけやマイルールが増えると、無用なトラブルも増えてしまう

3 製作活動は9割の「視覚処理」と1割の「動作言葉」に徹する

製作活動は、一目瞭然で視覚処理のできるモデル提示の準備を怠らない

　折り紙や絵の具、のり、はさみなどを使っての製作活動の際、製作工程が多かったり、複雑な製作になればなるほど、保育士は、丁寧な説明をして理解させてから製作活動に入っていこうとします。その際、「丁寧な説明とは、言葉で丁寧に詳しく話すこと」と理解している保育士は、園児に対して、手はお膝で、しっかり耳を傾けて、保育士の話を聞くようにうながします。

　説明が複雑になればなるほど、言葉で聴覚に入れて、頭の

なかでその意味を処理することは、実は容易な作業ではないことを理解してほしいと思います。

　保育士のなかには、発達のゆっくりな子ほど、丁寧に説明してあげなくてはと、より言葉を尽くして丁寧に説明を増やす人もいますが、「わかりやすい説明」というのは、「丁寧にたくさん言葉を使って説明する」ということとイコールではありません。

　「一目瞭然」「百聞は一見に如かず」というたとえのように、しっかり視覚で注視させ、工程を見せながら手順を追っていくほうが、抽象的な言葉を頭に入れて処理するという作業よりもはるかに処理しやすいものです。

　わたしたちも、ホームセンターなどで購入した組み立て物を完成させるとき、梱包されている説明書の文章ではなく、工程図をしっかり目で追って組み立てつつ、補助的に文章で確認しているはずです。

　特に、形の変化（製作）、動作をともなうもの（体操、リトミック等）はしっかり注視させ、視覚処理の力で理解をうながしていってほしいと思います。

　そのため、製作の場面では、工程手順をしっかりと実物で示すだけの準備を怠らないことが大切で、何の準備もなしに製作に入るのではなく、仕込み8割くらいの気持ちで準備し

てほしいと思います。

　それで、「これだけの準備をしておけば、園児のほぼ8割は視覚集中で処理できるはず。むしろ、かぶせるように無用な聴覚に訴える説明は、かえって理解の邪魔をしてしまうものだ」と受けとめ、仕込んだ準備で自ら完成させる覚悟で製作に臨む姿勢が大切です。

チョキチョキ、チョッキンチョッキン……　　動作言葉で補足していく

　製作の説明の場面では、しっかりと工程を注視させつつ、「ここは、はさみでザクザク……、チョッキン……、チョキチョキ……」「のりでヌリヌリ……、ポチョ……」という動作言葉を加えていくと理解の助けになります。

　ハサミ1つでも、「ザクザク」はざっくり切るイメージであり、「チョッキン」は切り落とすイメージであり、「チョキチョキ」は慎重に切るというイメージです。こうしたイメージを

体感的にトレースさせていくことができます。同様に、のりの「ヌリヌリ」は一定スペースを塗るイメージで、「ポチョ」は１か所にちょっとのりを添えるイメージをトレースさせます。

　これを、筆者は、「９割の視覚処理と１割の動作言葉でトレースさせる」と保育士に説明しています。体感でトレースさせるという点では、例えば、鉄棒の逆上がりでも、「鞭を巻きつけるように蹴り上げて」と説明するほうが子どもたちに、「あっ、そうか」と理解してもらいやすかったりします。

　さらに、「手はお膝」というよりは、説明に合わせて、園児自らも手や指を動かし、言葉で「チョキチョキ」「チョッキン」と言いながら、エアー活動的に追体験させ、より五感で理解を深めさせることが効果的です。

　こうした取り組みは、第２章でふれたように、園児が保育士を覗く、視覚を向けるというクラスづくりを進めていかなくては実現しません。

第３章　真剣に、夢中で取り組める活動を組んでいく

まとめ

- スムースな活動にするためには、準備・仕込みが大切
- ９割の「視覚処理」と１割の「動作言葉」で体感的にトレースさせる

4 製作時、発達特性のある子には、その子の苦手さに応じた必要十分な配慮に留める

空間処理の苦手な子、力の加減の苦手な子などには、その苦手さのみに配慮する

　9割の視覚処理と1割の動作言葉で製作の工程を全体に理解させつつ、発達特性のある園児で、どこを切ったらいいか戸惑っている、上下・左右・前後の理解に戸惑っている、はさみなどの道具をうまく使いこなせずに困っている……。こうした個々の特性に対し、個別に必要十分なだけの配慮を試みてほしいと思います。

　発達特性のある子のなかには、空間処理の苦手な子、左右・前後などの変換作業が苦手な子、力の加減・バランスの調整

が苦手な子がいます。

　空間処理が苦手な場合、短冊状に切るといってもどのような間隔でハサミを入れるのか、真ん中にのりを塗るといってもどの辺に塗るのか、戸惑ってしまいます。保育士は、サインペンでバックヤードから切る場所を‥‥‥と点線で示してあげたり、のりの添付位置をマーキングしてあげたりして空間処理の苦手さを補ってあげます。

　また、相手が手のひらを見せてバイバイする振る舞いを見て、自らも手のひらを自分に見せつつ相手にバイバイするために、相手には手の甲を見せてバイバイしてしまう、いわゆる「逆手バイバイ系」の子は、はさみの入れ方も、保育士のしぐさを相対で見たままにまねるので、逆手でハサミに指を入れようとしたりします。また、赤白帽をかぶる場合にも、友達が赤色の帽子をかぶっていると、赤色を見ながらかぶるため、実際は1人だけ白色の帽子をかぶっていることになったりします。

　こうした子は、体操やリトミックなどの場面でも、左右の変換に戸惑ってしまい、1人だけ左右逆の動きになってしまったり、変換作業にいら立って、こうした活動を避けたりします。前後や左右の変換に戸惑う傾向のある子には、同じ向きでしぐさを見せてあげる必要があります。

発達特性のある子にはそれぞれの個々の苦手さがあります。特に、発達特性のある子に対応する加配対応等の保育士は、その子の苦手さを正確に理解し、その苦手に対して過剰なかかわりを控え、必要十分な配慮に留めてほしいと思います。

　よかれと思って発達特性のある子に近づいて、言葉で説明し、手を出し、さまざまに手を尽くす対応を行うと、その子にとっては言葉の処理、保育士の手の動きの処理に留まらず、保育士のエプロンのキャラクターに視覚を奪われたり、保育士の体感そのものの刺激に興味を奪われたりして、製作に集中できないかかわりになってしまうことに気がついてほしいと思います。

製作中に園児に無用に近づくと、「あっ、手伝ってもらえるんだ」という期待をもたせてしまう

　発達特性のない園児であっても、保育士が製作中によかれ

と思って園児に近づくことは、園児の「自分だけで完成させよう」とする集中力をそいだり、「あっ、作ってもらえるんだ」という期待をもたせてしまうことを理解しましょう。むしろ、製作中は園児全体の製作場面をしかるべき位置でしっかり注視し、「戸惑っていて、手がかりのほしい園児はいないか」「確認のアイコンクトを求めてくる園児はいないか」等々を観察してほしいと思います。

　あわせて「私たちの準備したこの手順や説明の方法で過不足がなかったか」と保育士自らの取り組みをモニタリングしつつ振り返り、「この場面は、こうした見せ方のほうがよかったな」「ここは、こうした言葉を添えたほうが理解が深められたな」と、つぎに活かせる理解のうながし方を模索してほしいと思います。

> **まとめ**
> - 発達特性のある子の苦手さを正確に理解し、必要十分な対応に留める
> - 保育士は活動中の園児の様子を観察し、ヘルプのサインを見逃さない

5 時計やタイマー、スケジュールボードを使い「実行機能」を育てていく

活動の終了間際に時計で明示するのではなく、開始前に終了時刻を明示する

　私たちも、例えば今週末に仲間との旅行を計画するとき、月曜日にはインターネットで調べ、旅行のルートや宿泊場所の予約をすませておくなど前倒しで準備します。「水曜日ごろには、週末の天候を確認する。木曜日には持ちものの確認や、参加予定者の出欠の再確認。前日には……」、という具合に、週末に向け、逆算して自らの段取りを決め、準備を進めていきます。

　あるいは、駅の乗り換えの10分で、いくつかの所用を済

ませたいと思ったとき、例えばATMでお金をおろす、ちょっと駅構内から出てポストを見つけて郵便物を出す、コンビニエンスストアで買い物をするなど、過去の経験と照らし合わせながら、自分がやりきれるかどうかを判断して行っていきます。こうした力を「実行機能の力」と呼びたいと思います。

　園児にも、こうした力を育てていくことで、見通しをもってそれぞれが力を出しきって活動できるクラスになっていきます。

　例えば、製作活動時、終了時間間際に「針6で終わります」と時計を指し示したり、ゲームの終わるころに「あと10秒」と予告したりすることがありますが、これでは、単に終了の目安を示しただけで、実行機能としてはたらきません。

　製作活動開始前に、「針6で、この工程の製作を完了させる」という示し方をするクラスでは、日々の積み重ねのなかで、「6までに作りきれるかな、針4になったな」と時計をチラチラ意識する園児が増え、自分の力量と相談しながらやりきろうとしてくれます。

　また、「ゲーム3回戦、1回2分の対戦」と明示し、2分という抽象的な時間量を視覚で理解できる大きなタイマーで示しつつゲームを進めると、自らの力のペース配分やどこでもうひと踏ん張りするかなど、自分の力量を織り込みつつゲー

ムをやりきる力がついていきます。こうした経験は、「そろそろ園庭遊びが終わるぞ、切り上げモードにしていこう」「給食は針3までに食べきらなくては」という意識も育てていきます。そして、例えば、園庭遊びの終了近くになると、保育士がどこに移動したか、つぎの活動に向けてどのような準備を始めたか、チラチラと確認する園児も増えていきます。

ホワイトボードのスケジュール表は、1日の「実行機能」の司令塔

　また、1日のスケジュールについても、「実行機能」を育てていくことが大切です。

　ある年長のクラスにおじゃました際、クラス正面のホワイトボードに、その日のスケジュールとそれぞれの活動について、「○○ゲーム○かいせん。たいせんチームのリーグひょう」「○○のせいさく」。また、その隣には、「リーダーとうばん○○くんと○○さん、とうばんないよう○○」「グループと

うばんのきょうのおてつだいないよう○○」……。こうした予定や役割、その内容などが示されていました。

　登園してきた園児たちは、自分の持ちものを片づけるとホワイトボードを見に行き、「○○チームと2回戦か」「今日は○○グループが跳び箱などのサーキットの準備をするのか」「この製作ならはさみやのりを使うんだ。ロッカーに自分のはさみとのりがあったっけ」と相互に確認し合ったり、「よっしゃー、がんばろうぜ、昨日は○○だったけど、今日は○○に気をつけよう」と作戦を立てたりするようになります。

　ホワイトボードに、単に朝の会⇒製作⇒遊戯室でのゲームと示すだけでは、だれも見に行かないホワイトボードになってしまいます。スケジュールを示す朝のホワイトボードは、1日の「実行機能」を育てる司令塔の役割をもつので、多くの園児が覗きにいかなくては意味がないと受けとめてほしいと思います。

> **まとめ**
> - 「あと10秒です」という終了間際の予告は、単なる目安に過ぎない
> - 活動前に終了時間を伝えることで、園児自ら時間を意識して活動する

第3章　真剣に、夢中で取り組める活動を組んでいく

6 園庭での自由遊びを、今後の活動の ヒント・きっかけづくりにしていく

　主活動を終え、昼食までの時間、園庭にかけだしていく園児を目で追いながら、「やれやれ、あとは、園庭で自由遊び」と、少しホッとする保育士の表情をよく目にします。
　そうしたとき、園庭での自由な遊びであっても、園児が手ごたえのある遊びができるようプロデューサーの気持ちで園庭遊びを演出していってください、と筆者からお願いします。

個々のスキルを高めていく

　今後の活動に向けて、うんていやのぼり棒などの活動を組んでいこうと計画しているときには、意識的にそうした遊具の側に立って、集まってくる園児にプレ的な取り組みをさせ

ていく。運動会に向けて、缶ポックリや竹馬、縄跳びなどの取り組みを予定しているときには、特に、苦手意識のある園児には道具を与えて苦手な場面を把握したり、ポイントとなる動きを事前にシミュレーションさせていきます。

　発達特性のある子には、予習的にポイントとなる動きを一緒にやってあげたりするなかで、「先生は、ぼくが上手にできるための作戦を一緒に考えてくれる人だ」という信頼感や協働の思いも育つため、トラブルをどう回避するか、かんしゃくを起こしたときにどう振る舞ったらいいか……、こうした作戦会議にも応じてくれるようになります。

遊びの広がりをつくっていく

　砂場に水を入れ、移植ごてやスコップで、池や川を作りはじめた園児の動きを見ながら、「パイプを用意すれば、山のトンネルに水を貫通させる遊びに広がるかな？ 水の通るトコ（樋）を用意すればダムのような遊びに広がるかな」というイメージをふくらませながら手がかりを工夫することで、昼食までの自由遊びが発展性のある遊びに変わっていきます。

　ある保育園で「川をせき止める道具を用意すれば、遊びが広がりますね」と保育士に提案した際、「遊びのなかで、必ず子どもたちが気づいてくれると思うので、それまで様子を見

ているところです」と、園児の遊びを見ながらつぎの展開に思いをはせている保育士がいました。そのつぶやきを聞きながら、園庭遊びの一つひとつにも園児の発想を広げさせてあげたい、もっとワクワクできる遊びに育てていきたい、という保育士の意気込みを感じました。

何気ない遊びから、より目的意識をもって遊べる設定をする

　園庭に白線を引くことで一輪車遊びの園児たちに白線に沿っての蛇行やグルグル走りにチャレンジさせる。ボールを蹴り合っているだけの遊びにゴールポストを用意する。追いかけっこを始めた園児の動きを見ながら、しっぽ取りゲームやこおり鬼ゲームの遊びのきっかけづくりにしていく——。園庭遊びには、今後の活動に向けてのさまざまなヒントがあるため、主活動で取り組んできたゲームや遊びを園児たちが園庭遊びでどのように活かしているか、プロデューサーの気

持ちで意識的に園庭遊びを評価していくことが、園活動全体の骨太化につながります。

「何してるの？」と個々の遊びに近づいて一緒に遊んであげたり、「先生、来て」と園児に手を引かれるまま遊びに付き合ったりして貴重な園庭遊びの時間が過ぎてしまうのでは、単なる昼食までのつなぎ時間で終わってしまいます。

また、個々の園児と一緒に遊ぶ時間で終始すると、気づかないところでトラブルになっていたり、発達特性のある子が遊びの手がかりを見つけられず、園庭でスコップを引きずるだけで時間が過ぎていってしまってもだれも気づかない、という状況になっていたりします。

少なくとも1人の保育士は、プロデューサー的意識で、園庭全体を俯瞰しつづけて今後の活動につながる手がかりを探っていく姿勢が大切です。

まとめ

- 園庭での自由遊びの様子を今後の活動のヒントにする
- 保育士はプロデューサー的意識で、園庭全体を俯瞰しつづける

第 4 章

発達特性のある子を巻き込むために必要な配慮

1 多くの園児が暗黙で理解できること、守れることをあえてルール化しない

通常の配慮で理解できることでもルール化すると、あらゆることをルール化せざるをえなくなる

　事情があって、園庭の砂場が利用できないときは、砂場にブルーシートをかけておく、あるいは園庭のトラック内に芝生の種をまいたばかりなので、しばらくは立ち入らないようにトラックの周りをビニールひもで囲っておく。こうした通常の配慮で、「アッ、今日は砂場では遊べないんだな」「しばらくは園庭のトラック内に入ってはいけないんだな」と多くの園児が受けとめ、特段、意識化せずとも立ち入ったりしないのが当たり前という園環境にしていくことを心がけてほし

いと思います。

　このような約束事を、その都度「お約束」として園児に説明し、ルール化してしまうと、あらゆることをルール化せざるをえなくなってきます。

　闇雲にルール化してしまうと、こうした環境設定で暗黙のうちに示されている約束事に気がつかず、気配を察することの苦手な発達特性のある子が悪気なく立ち入ってしまう場面で、「○○くんがルールを破った」と保育士に訴えてくる園児を増やしてしまいます。

　また、「ルールは厳格に守るべきで、例外や特例は許せない」という行動原則をもちがちな発達特性のある子には、「○○くんがルールを守らない」と保育士に対し、執拗に訴えてくる傾向を強化させてしまうことにもなります。

　こうした悩みを保育士から受けたとき、「先生も過剰防衛的に約束やルールを乱発して、かえって自分の首を締めてしまっていますね」と伝えたりします。

発達特性のある子の意外な行動に同調しない集団をつくる

　発達特性のある子を巻き込むクラスづくりで大切なことは、発達特性のある子がルールとして明文化されていない、

暗黙の環境設定に気づけず砂場に入ってしまっても、ほかの園児がそれに同調することなく、ごく自然に砂場には入らない集団をつくることです。
　発達特性のある子のなかには、ほかの園児が通常思いつかないような意外なことを、悪気なくしてしまう子がいます。
　例えば、普通はのぼらない遊戯室の棚の上にのぼったり、通常でない方法ですべり台から、意外に危なげなく滑り降りてみたりします。その際、発達特性のある子の意外な行動を目にして「それもあり」と多くの園児が同調してまねるクラスは、逆に発達特性のある子に巻き込まれてしまうクラスになってしまいます。
　こうした同調が容易にほかの園児に波及するクラスは、目の前の刺激に容易に反応する園児の多いクラスで、第2章でふれたように、「実行機能」の育っていないクラス風景です。
　意外な行動を目にしても、刺激に誘引されて同調することなく、「49:51」で本来の「実行機能」が勝るクラスづくりをし

ていくことが、発達特性のある園児を巻き込むクラスづくりです。

　発達特性のある子やそれに同調しそうな子にルールを守らせるために、全体に向けてルールを乱発するのではなく、多くの園児が明文化されたルールがなくとも、通常の環境設定で「アッ、入ってはいけないんだ、のぼってはいけないんだ」と理解させるクラスにし、そのなかで、意外な行動をしてしまう発達特性のある子に対して、その特性を見極めてどのような個別対応（配慮）を試みていくか、その作戦を考えていける保育士になってほしいと思います。

> **まとめ**
> - ルールを守ってもらうために、周知のことはあえてルール化しない
> - ルール化しなくても、通常の環境設定で園児全員がルールを守れるように

2 すぐに集団に適応させようとあせらずに、まずは、落ち着ける場所で過ごせる環境設定を

「何が何でも集団適応」とあせると、かんしゃくや拒否を強化してしまう

　発達特性のある子に対応する保育士は、どうしても、「早くクラスの本来の席に着座させたい」「遊戯室のリトミックなどの活動に参加させたい」と集団適応を試みてしまいがちです。しかし、あせって対応してしまうと、座りつづけていられないのに、抱えてでも座らせようとしたり、活動の意味がわからず遊戯室への入室を拒んでいるのに、何とかして入室させようとするため、必ず無理が出てきます。そして、本人の拒否やかんしゃくを増やす結果になってしまいます。

まずは、「無理してあせらない、急がない」と心に決めて、発達特性のある子が園内で落ち着ける場所がないかを探り、その場で本人が遊べそうなおもちゃや道具で過ごせる状況をつくっていくことが大切です。やがて、クラスの友達の活動に興味をもったり、自らの席に着座して活動したくなることを想定して、教室から遠い場所（遊戯室等）ではなく、できれば教室の様子が伝わってくる場所を探ってほしいと思います。

　落ち着ける場所があっても、過ごせる道具等を見つけられなければ、どうしても保育士に常におんぶ、抱っこの風景になってしまいます。結果として、人がかかわってくれなければ、過ごせない状況を強化してしまいます。

　また、おもちゃや道具を用意したとしても、「とにかく過ごせるおもちゃやグッズなら何でも」となると、いつのまにか本人の周りがおもちゃやグッズだらけになってしまいますし、「園内のどこでもとにかく過ごせれば」となるとあらゆる場所で、やはりおもちゃやグッズが散乱することになってしまいます。

　大切なことは、「○○の場所ではミニカーや電車の絵本やグッズ」「○○の場所では組み立てブロック」「○○の場所では昆虫図鑑」。このように、場所とおもちゃ、グッズをセッ

トにし、やがて、「組み立てブロックは○○の場所で」という理解（○○を見ると、場所と活動が理解できる）につながっていってほしいと思います。さらに、絵本を渡す場合でも2つを提示し「どっちにする？」と尋ねて、本人の手にしたものが事実になるという、選択の力もつけていけると、今後の活動の展開にも役立ちます。

徐々に、教室のなかで落ち着ける場所もあわせて探っていく

　こうして、保育士にひたすら依存しなくとも、おもちゃや道具で安心して過ごせる環境を大切にしつつ、徐々に、意味理解のできる活動（図鑑を見る、粘土製作をする等）のときは教室の本来の席で過ごし、本来の席にいられず落ち着けないときには、教室のなかの第二の落ち着ける場所で、例えば、ミニカーの図鑑を見て過ごすなど、クラスのなかで落ち着いて過ごせる時間を増やしていってほしいと思います。

発達特性のあるBくんは、こうした教室での過ごし方を覚え、年中（4歳児）の夏には、製作の時間帯は本来の席で、保育士の話や説明が長く、たえられなくなると教室のコーナーで昆虫図鑑を見て、理解できる活動になると本来の席に戻る。あるいは、プールから戻ってきてクラスがにぎやかであったり、特に活動が決まっていなかったりするなど、宙ぶらりんな時間帯は教室の落ち着けるコーナーで組み立てブロックをして過ごす。こうした場所の使い分けができるようになってきました。

> **まとめ**
> - 発達特性のある子への集団適応の強要は、本人の拒否が強まり、かえって逆効果
> - まずは園内に落ち着ける場所をつくり、徐々に教室のなかに落ち着ける場所を探っていく

3 発達特性のある子のつぎの動きを予測する力（行動予測力）を身につけていく

どのような刺激にであうとどのような行動になるか？
イライラ状態が続くとどのようなかんしゃくを
起こすか？

　発達特性のある子にかかわる保育士は、対応する園児が「どのような刺激に誘引されやすいか？」「どのような場面で衝動性が出るか？」「どのような環境におかれると落ち着けなくなるか？」など、日々の活動を通じて情報を収集していってほしいと思います。
　そのなかで、「○○に視覚が向くと○○の衝動がでるな」「○○くんと一緒になると○○のようなトラブルにつながってし

まうな」というように、その先の動きが予測できるようになっていってほしいと思います。これを、筆者は「行動予測力」と呼んでいます。

　その先のこうした予測ができれば、好ましい動きにするためにどのような手がかりを用意すればよいか、どのような刺激にであわないようにすればよいか、事前にどのような対応をしておけばトラブルを未然に防げるかといった作戦を立てていけるようになります。

「行動予測」の力がついてきたら、未然にトラブルを防止する対策を立てていく

　例えば、
- (着座しての粘土製作時)「部屋の入口のドアが開いている。年長クラスのよさこいソーラン踊りが園庭で始まると、その音に引っ張られて園庭を見てしまうと立ち歩いてしまうかもしれない。今のうちに、ドアをしっかり閉めておこう」
- 「○○くんは、はがれかかったビニールテープを見るとすぐにはがしたくなってしまう傾向がある。あの床のビニールテープはもう何か月も貼りっぱなしになっていて、端がはがれはじめている。今日中にはがしておこう」

- 「〇〇くんは、ほっぺがマシュマロのように柔らかな〇〇さんを見るとどうしても近づいてほっぺを両手でつかみたくなってしまう。手洗いのときに洗面所に殺到して、〇〇さんの後ろになってしまったら、保育士が間に入ろう」
- 「園庭遊びの終わりまで、あと10分になってきた。〇〇くんは砂場での遊びにスイッチが入って一人遊びになってきた。このままだと、友達が教室に戻ったことも気づかずに遊びが続いてしまう。今から、〇〇くんが活動の切り替えができないか、何か遊びに変化をつける道具を探してみよう」

　こうした、「行動予測」に基づいた対応方法を工夫していくなかで、無用なトラブルや誤学習を積み上げない配慮をしていってほしいと思います。

　粘土製作中に、急に立ち上がって玄関に走っていったＣくんでしたが、午後のカンファレンスで、加配対応の保育士が「隣のお友達が製作中にクワガタムシができたといったのに

反応して、玄関に行ったんだと思います」「そのときは、とっさのことで、どうして部屋から飛び出ていってしまったのかと思いましたが、戻ってこないので様子を見に行くと、玄関前の廊下に置いてある、クワガタムシの虫かごをのぞいていました」と話してくれました。

こうした一つひとつの行動の背景を探っていくことで、保育士の「行動予測力」が高まり、そのなかで、対象児が自信をもって適切な動きができるような事前の環境づくりや対応ができるようになっていきます。

逆に、「行動予測」のないなかで、例えば、教室から飛び出ていった園児を闇雲に追いかける対応を続けると、やがて「教室から飛び出れば、必ず保育士が追いかけてきてくれる」という誤学習をさせてしまうことになります。

> **まとめ**
> - 発達特性のある子のつぎの行動を予測する「行動予測力」を身につける
> - 行動予測に基づいて、トラブルを予防する対策を立てていく

4 特性に配慮した対応のみに徹し、周りの園児に相対的な不満感をもたせない

特別扱いと思わず、自信をもって必要な配慮をしていく

　発達特性のある子は、集団適応が苦手な場面として、見通しが立たなかったり、予定していたスケジュールが変更になると不安になり戸惑う、ゲームで負けて一番になれないとかんしゃくを起こしてしまう、あるいは、体操やリトミックなど振りまね活動の苦手さや不器用さがある、などの特性があります。

　こうした特性に配慮することなく、「何が何でも集団に入れたい」「苦手でも取り組ませたい」「少しくらい機嫌が悪く

なっても我慢させたい」と、保育士がこうした対応を続けていくと、不安感やかんしゃく、対応への拒否をより強めてしまうなど、いわゆる二次障害を生んでしまいます。

　発達特性のある子にだけ特別扱いはできない、ほかの園児に「○○くんだけ特別」と思われたらクラス運営が難しくなると危惧（きぐ）することなく、自信をもって必要な配慮はしていってほしいと思います。

必要な配慮を越えた過剰な対応は、ほかの園児に不満感をもたせてしまう

　その際、あくまでも特性に配慮した対応に徹することが大切で、それ以上の過剰な対応や特別と思えるかかわりをしてしまうと、ほかの多くの園児に「○○くんだけいいな。ぼくだって……」という不満感をもたせてしまいます。

　例えば、遊戯室ではさまざまな踊りや体操活動が行われますが、発達特性のある子のなかには、こうした振りまね活動が苦手な園児が多くいます。もし集団のなかの、右も左もわからないなかに連れ込まれたら遊戯室から逃げ出したくなりますが、全体を見わたせる位置で、不安感なく観察していけば、わかりやすい振りやポーズはまねてみたくなるものです。

　その際、どうしてもおんぶをしなくては遊戯室にいられな

いのであれば、保育士は堂々とおんぶをしてあげていいと思います。ただ、「あなたは不安だから私の背中を使っていいわよ。できると思ったら、私の背中から自ら降りていって振りまねしてみてね」という保育士の姿勢が大切です。

その際、単に背中を使ってのおんぶのみに留めることが大切です。必要以上の対応、例えば、おんぶをしながら「よしよし」したり、頭を「ポンポン」としてあげたり、まとわりつかせたりしてしまうと、ほかの園児に「○○くんだけいいな」という気持ちを抱かせてしまいます。

対象児が欠席の日に、ほかの園児がまとわりついてこなければ大丈夫

対応する保育士が必要な配慮に徹しているか、必要以上の対応でほかの園児に不満感を抱かせているかの見極めとして、発達特性のある子が保育園を欠席した日に、ほかの園児が保育士におんぶを求めてきたり、まとわりついてきたりし

なければ配慮のみに徹していると判断していいと思います。

　むしろ、発達特性のある子に限らず、すべての園児は程度の差はあれ、苦手な場面、不安な場面があります。活動中に保育士とのアイコンタクトやOKサイン等のちょっとした配慮で安心感のもてる子から、かんしゃくで気持ちの切り替えができないときには一時、別室で保育士と過ごすことでようやく気持ちの切り替えができる子までさまざまです。

　そうした意味では、本来すべての園児に程度の差はあれ配慮が必要であると考え、その一人ひとりの苦手さや不安感をしっかり理解して必要な配慮のみに徹し、過剰なかかわり（「いいこいいこ」をしたり、頭をなでてあげたり、園児の求めに応じてついおんぶや抱っこをしてしまったりする対応等）を控えていくことが、ほかの園児に不要な不満感をもたせない、一人ひとりの園児が安心して過ごせるクラスづくりになるといえます。

まとめ

- 発達特性のある子に対しては、「特別扱い」ではなく、自信をもって「必要な配慮」を
- 過剰なかかわりを控えることで、園児全員が安心して過ごせるクラスになる

5 苦手な活動には、裏切らない「約束」で成功経験の幅を広げていく

嫌いなニンジンを「一切れ」食べてごちそうさまの約束なら、必ず「一切れ」を守る

　発達特性のある子に対しては、どうしても、「もっと適応してほしい」「もっとできるようになってほしい」「苦手を克服してほしい」と思いがちになります。それで、「這えば立て、立てば歩め」という思いから、よかれと思って過剰な要求をしてしまいます。
　こうした要求をしすぎたために、本来できることに対しても、警戒心が育ってしまい、あらゆるはたらきかけに拒否を強める状況をつくってしまうことも稀ではありません。

一方で、こうした拒否が強くなると、「特性だから仕方がない」と本人のかんしゃくに押し切られて要求を取り下げ、譲ってしまったりします。どちらも、発達特性のある子にとって成功経験につながらない結果になります。
　例えば、発達特性のある子は偏食の傾向が強く、保育士として給食時間の対応に困惑する場面があります。子どもにとって楽しいはずの食事は、視覚・味覚・嗅覚・触覚など感覚刺激に満ちているため、感覚刺激の特性の強い子にとっては、むしろつらい時間になることもあります。
　こうした場面では、無理じいするのでもなく、嫌いだから仕方がないとあきらめてしまうのでもなく、裏切らない「約束」で成功経験を積み重ねていってほしいと思います。
　例えば、ニンジンが嫌いな子に対して、「ニンジンのごく小さい一切れを食べたら、好きな唐揚げを食べてごちそうさまをしよう」と約束したとします。その際、「ごく小さいニンジン一切れ」と「好きな唐揚げ＋ごちそうさま」を比較したとき、「Dくんはニンジンが苦手だけれど、本当に保育士が約束を守ってくれるのなら応じてみようという気持ちになるはず」という見立ては大切です。
　もし、こうした約束に応じてくれるのであれば、「ニンジンのごく小さい一切れ」を裏切ってはいけません。このとき、

「せっかくだからもう一切れ食べてみる」という対応が本人との信頼関係を壊します。こうした経験を積み重ねていくなかで「この先生は約束を守ってくれる。別の提案にも応じてみよう」という信頼感から、さまざまな苦手な経験にもチャレンジしようという気持ちになります。

　むしろ、せっかく一切れ食べたのに、「もう一切れどう？」と言われつづけたために、提案されたことはとりあえずすべて拒否するという傾向を強めてしまっている子もいます。

食事に限らず、苦手な場面では裏切らない「約束」で成功経験を

　苦手なリトミックも、もちこたえられない着座も、さまざまな場面で裏切らない「約束」で成功経験を積み重ねてほしいと思います。ごく些細な場面であってもです。

　例えば、プール前の冷たいシャワーが大嫌いで、「いやだー」と大声を上げる子がいます。しかし、しっかり抱えて、「3、

2、1」のカウントダウンで必ずシャワーから解放されるという取り組みを継続していけば、「3、2、1リリース」の成功経験を積み重ねてくれます。

 その際、できればもっとシャワーを浴びてほしいという思いから「3、2、1」のカウントのテンポをゆっくりペースにしてしまったりすることは「約束」を裏切ってしまうことになります。

 そうした意味では、「私が対応すると応じてくれる」「○○さんは優しすぎる。私なら食べさせられる」とさまざまな保育士が対応力の力量比べのように無定型に発達特性のある子にかかわりをしてしまっている保育園は、結果としてその子の二次障害を強めてしまっているように思います。

 職員全員が、「裏切らない約束で成功経験を広げていこう」と意思統一してもらうことが何より大切です。

> **まとめ**
> - 過剰な要求をすることも要求を取り下げることも、発達特性のある子の成功経験につながらない
> - 保育士の対応力の力量比べに陥り、園児の二次障害を強めることのないように

6 発達特性のある子の意外な言動を「問題行動」ではなく、「創造的活動」の芽として活かしていく

絵の具の塗りたくりが、ボディペインティングに

　発達特性のある子は、ほかの園児が思いつかない発想をしたり、意外な言動をすることがあります。

　第4章❶でもふれましたが、こうした意外な言動にほかの園児が同調して行動を拡散してしまうと収集のつかないクラス全体の問題行動として発展してしまうことになります。

　こうした状況を招かないためには、くり返しになりますが、発達特性のある子が悪気なくしてしまう意外な言動に影響されないクラスづくりを進めていくことが何より重要です。逆に、そうしたクラスづくりができていれば、発達特性

のある子の思わぬ発想や意外な言動を、クラスの創造的な活動に活かしていくことも可能になります。

　あるクラスでは、大きな模造紙に思い思いに絵の具でペインティングする活動が行われていました。発達特性のあるEくんが絵の具のしたたる筆を自分の身体に塗りつけてしまいました。もちろん、ほかの園児はその行動に同調することなく、通常のペインティングでその日の活動を終えました。

　保育士は、Eくんの意外な行動は、しっかりと準備をしたうえで活動として位置づければおもしろい活動になるかもしれないと思いました。それは、後日、「ボディペインティング遊び」としてクラスの園児が楽しめる活動の一つとして位置づけられていました。

　また、ある保育園では、梅雨時の雨の日に発達特性のあるFくんが園庭に出て、大粒の雨を身体に浴びながら楽しそうに水たまりでピチャピチャ遊びを始めました。保育士はFくんの楽しそうな様子を見て、活動に位置づけられないかを工夫してくれました。

　後日、「○○の日は天気予報で雨になるので、音楽に合わせたピチャピチャ遊び」と題して、各家庭で好みのマイパラソルと水着を持たせてもらい、雨の降る園庭で水着を着た園児がパラソルをさしながら音楽に合わせてピチャピチャ遊びを

するという活動が実現しました。筆者は、かつて見たミュージカル映画を思い出しました。

保育士は、「梅雨時はどんな活動がいいか悩みの種だったけれど、条件を整えて(パラソルと水着での水遊び)活動として位置づければとても楽しい活動になりますね」と話してくれました。

園庭の自由遊びでも、ちょっとした意外な遊びにつながっていく

園庭での遊びを観察していると、発達特性のある園児2人がジャングルジムで鬼ごっこをしていました。これを見たほかの何人かの園児がその鬼ごっこに加わっていきました。園児同士で工夫しながらジャングル鬼ごっこの遊びがひとしきり続いていました。

特別、「取り組み」というほどの活動ではありませんが、問題行動を増幅させないクラスづくりをしていけば、意外な発

想の遊びに気がついて、一過性ではありますが、ほかの園児がそのときの一応の決めごとを提案してくれて、ちょっとした遊びに発展させている場面を見ることがあります。

　また、折り紙製作時に、発達特性のある子が折っていく過程のなかで、その都度発する「ロケットみたいになった」「カタツムリの角が引っ込んだ」というたとえで、ほかの園児もイメージしやすい折り紙製作の活動になっていくことがあります。

　発達特性のある子も巻き込めるクラスづくりを進めていくと、発達特性のある子の意外な発想や言動が活きて、逆にクラスの園児を巻き込める活動になっていきます。

> **まとめ**
> - 「問題行動」ではなく「創造的活動」のきっかけとしてとらえ、工夫することができる
> - 発達特性のある子の意外な発想や言動が活きて、クラスの園児を巻き込んでいくことも

7 自ら活動を通じて自覚していく「スピード」「フィジカル」「ボリューム」コントロール

自己コントロールの力を、さまざまなバリエーションの歌で学んでいく

　発達特性のある子のなかには、思わず大きな声を出してしまったり、急に手を振りまわしてしまったり、友達に力を入れてぎゅっと抱きついて嫌がられてしまったりすることがあります。

　自覚以前の振る舞いで、悪意があっての行動ではないのですが、こうした特性のある子は、思わず手にした皿を落としてしまったり、悪気なく友達とぶつかってしまったり、静かに過ごす場でつい大きな声を出してしまったりするため、友

達から「乱暴な子」と思われてしまい、「○○くんが○○をした」という訴えに応じて保育士も注意をくり返し、反省させることが日常になってしまうことがままあります。

　こうした際に、自分がどれだけ大きな声を出しているのか、どれだけ勢いよく手を振りまわしてしまっているのか、あるいは、どれだけ力を入れすぎてしまっているのか、自らの動きを通じて自覚してもらう取り組みは大切です。

　あるクラスでは、いつもの朝の歌をさまざまなバリエーションで歌っていました。声のボリュームの大・中・小、歌詞に合わせた激しい振り・中くらいの振り・小さな振り、ピアノの音と保育士の振りで園児に気づかせつつ、大きい声で力いっぱい、スピードを上げての手振りなど、ピアノの音に注意を向けながらの集中した歌の時間になっていました。

　「どのくらいのバリエーションでいつもの歌を歌っているのですか？」と尋ねてみたところ、ボリューム、スピード、フィジカルの大・中・小で、３×３×３の27パターン、高音階と低音階の２パターン、さらに、長調と短調の２パターン、合計で108パターンとのことでした。

　注意欠如・多動性障害傾向の子のなかには、ただ単にじっとしていることは苦手でも「じっとしている」ことそのものをゲーム的に取り組ませると、意気に感じてだれよりも真剣に

力を入れて、じっとした姿勢を保とうとがんばる子がいます。そのため、以前、このクラスには遊戯室でのピアノのリズムに合わせて、ピアノの音が止まると静止、動いたらアウトというストップゲームを提案したことがありました。しかし、その後、この活動を応用して、朝の歌の時間に意欲的な活動に進化させていることに驚いたことがあります。

また、ある保育園では、遊戯室でのピアノの音に合わせたストップゲームを継続していくなかで、年中・年長合同のマスゲームの活動に発展させている取り組みがありました。

活動を通じて、自らの言動をモニタリングするなかで、特性を自覚していく

思わず大きな声を出してしまう特性のある子が自覚できるように、「レベル3の声、レベル2の声」という指標を棒グラフに見立てて壁に貼って示したり、振りの大きさの度合いを教えるために「ゾウさんの振り、アリさんの振り」と絵を見せ

て自覚させたり、あるいは、力の加減を教えるために「ギュッギュッ」「マシュマロフワフワ」という表現方法で自覚化させたりしている取り組みのクラスは多く見てきました。また、こうした取り組みと似ていますが、友達にきつい言葉を言わないように、「チクチク言葉」（傷つく言葉）、「フワフワ言葉」（うれしい言葉）という表現で自覚をうながし、「今度からはフワフワ言葉で話そうね」というかかわりを試みる取り組みもあります。ですが、こうした形で理解を求め、自覚化させてはみても、実際の自己コントロールの力につなげていくのは容易ではありません。

　実際に大きな声・小さな声、大きな振り・小さな振りなどを歌という活動を通じて表現させ、自らの言動をモニタリングしながら、自分の特性を自覚化させていく取り組みが非常に有効だと思います。

> **まとめ**
> - 頭で理解しようとする、自覚するだけでは、自己コントロールは難しい
> - 活動を通して「ボリューム」「スピード」「フィジカル」コントロールを体得する

8 特性の目立たない子に気づき、就学後不適応にならない配慮を講じていく

つぶさに観察すると、さまざまな場面で実は戸惑っている

　発達特性のある子のなかで、多動で落ち着きがない子やマイルールの言動、衝動的な行動が目立つ子は保育士も気づきやすいので、卒園から就学に向け、両親の理解を得ながら就学相談の場で話し合いができるなど、学校への申し送りも比較的スムースに行えます。
　しかし、特に目立った言動もない園児のなかに、就学後、「〇〇さん、学校で登校しぶりがみられています」という報告を受けることが稀ではありませんでした。

就学相談では、むしろ特性の目立たない子に着目しながら、何らかの形で園の様子や配慮を学校に伝えていってほしいと思います。特性の目立たない子は、パターン化された活動や、日々のルーチンには戸惑いがないので、園庭遊びから戻ってきて給食の時間には、早々と机にお弁当をおいて着座していたり、製作の時間なども黙々と取り組んでくれたりします。

　しかし、つぶさに行動を観察すると、友達と手をつないで遊戯室に移動する際のペア探しに戸惑ったり、ペアになってのリトミックや遊戯などの場面で友達を探すことに戸惑って、決められずに最後の1人として残ってしまったりします。

　また、保育士の組んだ活動時には不安感がみられませんが、給食から昼寝などの活動と活動の合間の何もすることのない時間帯や、友達が思い思いに遊んでいる時間帯には、友達の輪に入れず、所在なく、部屋の隅で心ここにあらずという表情で絵本をめくっていたりします。

　友達が一緒に遊ぼうとじゃれ合ってくると、困ったような表情になり、抱きつかれたりすると、拒否することも受け入れることもできず、困ってニヤニヤ顔で、されるがままになってしまったりします。こうしたタイプの園児のなかには、消極型のスペクトラム傾向がみられる子がいます。

もし、クラスが混乱状態で、保育士もトラブル防止に忙殺されてしまうと、どうしてもこうした消極型の園児にまで配慮が行き届かなかったりします。卒園までに対応の手立てを講じていくために、遅くとも就学を控えた年長児にはクラスが落ち着いた集団としてまとまってほしいと思います。

就学後の様子を予測し、具体的対応を講じていく

　こうしたタイプの子が目に留まったら、保育士は、「今はそんなに困る場面に直面することがなく、何となく集団のなかに紛れていても過ごせているが、入学して、クラスのなかに仲良しグループがいくつかできてきたり、個々の個性が際立ってくるころには、今よりも戸惑いが増えていってしまうな」と就学後の様子を予測し、気にかけてほしいと思います。例えば、

- 本人が困ってアイコンタクトを求めてくるタイミングを逃すことなく、どこで困っているかを聞いてあげる配慮。

- 友達に交渉してペアの相手になってもらわなくてはいけないときなど、あらかじめ、保育士のほうで相談してペアを決めておいてあげる配慮。
- 困ったときには一人で困るのではなく、「どうしたらいいですか？」「今は、何をしていたらいいですか？」「このつぎはどんな予定ですか？」と自ら保育士に相談にこられる力をつけていく。

できれば、朝、登園してきたら、クラスのホワイトボードのスケジュール板の前に連れていき、1日のスケジュールを確認し合いながら、1日のうちで困るところはないか、朝のうちから確認しておくという配慮をしていただけたらと思います。

そして、「困ったときには相談すればいいんだ」という、相談できるスキルを身につけさせておいてほしいと思います。

まとめ

- 特性の目立たない子が、就学後に困りごとを抱えることもある
- 相談できるスキルを身につけてもらうなど、保育士としてかかわっていく

第 5 章

主活動保育士と加配保育士の連携でクラスづくりを強固にする

1 相互に立ち位置をブレさせず、暗黙で連携し合う動きの確認

複数の保育士が配置されていても、個別対応に終始すると、クラスは無法地帯になってしまう

　クラス全体の活動をリードする「主活動保育士」と特性のある子などに個別に対応する「加配保育士」など複数の保育士が配置されているクラスでも、それぞれの判断で個別のかかわりをくり返し、個々の園児への対応に忙殺されていると、保育士は自分の半径1〜2mの視野で動きまわるクラスの状況をつくり出してしまいます。そのため、教室全体を見渡し、俯瞰している保育士不在の状況を招き、結果としてクラスに無法地帯をつくり出してしまいます。

こうしたクラスでは、気がつくと教室の隅でトラブルが生まれたり、泣き出す子がでたり、教室にいない園児に気づいて慌てて保育士が探しに出たり、というような状況にもなります。

　13名の園児に3名の主活動保育士・加配保育士が配置されているクラスがありましたが、13名であれば、一人が4名〜5名に対応していけばよいのではないかと、それぞれの保育士が個々に対応をくり返したために、保育士にまとわりついてくる園児が増え、まとわりつかれた保育士が活動を組めない事態になってしまっていました。たとえ園児の数が少なくとも、保育士が意思統一して連携する必要があります。

　最も大切な意思統一は、保育士から個別対応やその都度の指示を受けなくとも、自ら動ける園児を増やしていくことです。そのためには、第2章でふれたように、一度経験させたことには不要な指示や世話をやかない。そのかわり、園児が混乱しないクラスの環境づくり(物があるべき場所にある)の配慮と、思いつきの活動やスケジュール変更を頻繁にくり返して園児を戸惑わせない配慮が大切です。

主活動保育士は全体を俯瞰し、加配保育士は配慮の必要な子へ行動の手がかりを提示していく

　そのなかで、主活動保育士は、立ち位置をブレさせず、全体を俯瞰しながら一人ひとりの園児が「実行機能」をもって動けているか目を配り、同時に、クラスの環境等に園児の混乱を生むものがないか保育士自らの取り組みを評価していく。加配保育士は、配慮の必要な園児に必要十分な対応をしつつ、遅れがちな園児につぎの行動の手がかりを示していく。こうした連携体制を組んでほしいと思います。

　例えば、園庭活動の指示で、トイレ⇒洗面所で手洗い⇒クラスに戻って身支度⇒園庭側玄関で靴の履き替え⇒犬走りに並んで座る、という一連の動きに対して、主活動保育士はクラスの中央でトイレ・洗面に行き、戻ってくる園児の動きを把握する。加配保育士はトイレ、洗面所等で個別配慮の必要な園児への対応と後発グループに動きの手がかりを示す。そ

の際、トイレに殺到してドアにぶつかったり、友達同士でトラブルになったりしないように、ドアを押さえてあげたり、トラブルに発展しそうな園児同士を離すなどの環境調整をする。

　多くの園児がクラスで身支度を終え、園庭に向かう準備ができてきたら、主活動保育士は犬走りに座り始めた園児の前面に立つ。一方、加配保育士は下駄箱の靴の履き替え等でトラブルが生まれないように調整する。

　こうした相互の連携を通じて、園児が主活動保育士の評価の視線を意識しつつ動き、加配保育士の配慮で園児相互の無用なトラブルを生むことなく、配慮の必要な園児も靴を履き替えて、犬走りに着座することができます。

　結果として、多くの時間を費やすことなく園庭活動の準備をすませ、園児がそれぞれの遊びに向かって園庭に走っていくという風景を演出してほしいと思います。

> **まとめ**
> - 「保育士の人数が多ければクラスがまとまる」というわけではない
> - 主活動保育士と加配保育士の暗黙の連携が大切

第5章　主活動保育士と加配保育士の連携でクラスづくりを強固にする

2 園児の当番活動を強化し、保育士と園児が協働でクラスをつくっていく

保育士に先行して園児が動き始めたら、
園児と協働でクラスづくりを進める時期

　当番活動は、園児の「実行機能」を育てていくためにとても重要な取り組みです。「保育士の意図を受け、求められる役割を果たすことによって、周りの役に立つ」こうした活動の強化は、自分たちでクラスをつくっていこうという主体性にもつながっていきます。

　「先生、これどこに持っていくの？」「つぎはどうするの？」「今日は泥んこ遊びだから靴は履かなくていいんだよね」、あるいは、保育士が指示を出そうとするときに、「その指示は

必要ないよ」という意味合いで、園児が先行して「遊戯室に行く前にはいすを揃えてから」「○○くんはぼくの前だよ」等々、こうした園児の発言が増えてきたら、保育士は、園児と一緒にクラスを協働（コラボ）して運営していく時期だと判断し、当番活動やグループ活動を拡大し、強化していってほしいと思います。

　筆者は、全体をリードするリーダー当番と、4～5名のグループで遊具を運んだり、机を並べたり、食缶運びや配膳などを担うヘルパー当番を、クラス活動に位置づけていくことを提案します。配膳を例に説明します。

　遊戯室や園庭での遊びを終える時間になると、リーダー当番が「時計の針2になりました」と全体に指示を出したり、それに合わせてヘルパー当番が大きな遊具を片づけはじめたりする。個々の園児はそれぞれにクラスに戻る準備を始める。

　また、ヘルパー当番はほかの園児よりも早めに遊びを切り上げて、配膳準備に向けクラスに戻る。リーダー当番が「今日の給食のメニューは○○です。給食終了時間の予定は、時計の針で3です。用意はいいですか、いただきます」という挨拶をする。その際、保育士はしかるべき立ち位置、例えばリーダー当番の左横、あるいは、エプロンを着はじめたヘルパー当番が並びはじめるドアの前などの位置に立ち、園児の

動きを確認したり、戸惑っている園児に対し手がかりに気づかせたり、さらに、クラス運営において工夫を加える点はないか保育士自身の取り組みも評価していきます。

当番活動を一過性のお手伝いで終わらせない

　当番活動を進めていく際、プロセスとして園児に当番活動を意識させていくことが大切です。その場で思いつきのように、「○○くん、○○を運んで」というお手伝いは一過性のお手伝いです。大切なのは、園児が前日から「明日は、ぼくがリーダー当番だ」と思い、当日の朝「今日は、ぼくがリーダー当番だ」と心づもりをする。朝、あいさつのタイミングで、「今、ぼくが出るタイミングだよね」と保育士とのアイコンタクトで、保育士が「はい、お当番さん」と言わずとも、自ら友達の前に出て、「おはようございます」とリーダー当番の活動を開始する。こうした一連のプロセスとして当番活動をこなしていくことが、園児の実行機能につながっていきます。

　発達特性のある子のなかには、当番活動を好む子が多くい

ます。通常は、時間になっても砂場での遊びを切り上げられない子が、リーダー当番やヘルパー当番のときには、「待ってました！」という感じで、「みなさん時計の針が……」「おもちゃを集めます」と、当番活動に意欲的に取り組んでくれます。
　あるいは、いつでも先頭に並ぼうと、ほかの園児と先頭の奪い合いをしていた子が、「リーダー当番の日は文句なしに備品をもって先頭だ」と理解するなかで、先頭争いにこだわらなくなったりします。
　これは、マイルール──自分の気持ちを優先したいという傾向──をもちやすいタイプの発達特性のある子にとって、「ほかの意図を優先する」という学習につながっていきます。
　こうした学習の強化が、発達特性のある子がついしてしまういたずらや、トラブル、かんしゃくをどう解決していくかという課題に対しても有効で、保育士と作戦会議を開く、作戦会議での約束で行動を意図的に変えていくという取り組みに応用していくことができます。

> **まとめ**
> - 一過性のお手伝いで終わらせず、園児に当番としての意識をもってもらう
> - 保育士は園児と協働（コラボ）してクラス運営を行っていく

3 手ごたえある活動を通じて相互に支え合うクラスをつくる

自分のためというよりも、友達のためにがんばりたいという集団に

　「よい活動をするためには、自分のことだけ考えていてはいけない」「周りの友達のことも考えていかなくては」——。こうした思いが垣間みられるクラスをいくつか見てきました。
　あるクラスでは、フルーツバスケットが盛り上がっていました。鬼になると座っている友達の「ハイハイハイハイ、つぎどうぞ」というかけ声で、鬼は「リンゴ」「ミカン」とコールし、ゲームはテンポよく、間断なく、ほどよい緊張感で進められていました。発達特性のあるGくんはどうしても行動の

出だしが遅れたり、座る席に戸惑ったりしていました。Ｇくんが戸惑っていると、周りから「ここあいてるよ」「こっちだよ」など、Ｇくんに助け舟を出している園児が何人かいました。

　年度当初のフルーツバスケットでは、Ｇくんはゲームの意味がよく理解できていなかったために、わざと注目を受ける鬼になりたがっている子でしたが、全員が夢中で取り組むようになると、ゲームの意味を理解し、Ｇくんも真剣に取り組むようになりました。それでも、ほかの友達よりも出遅れてしまっていました。友達がＧくんに助け舟を出す背景を、あとで保育士に尋ねてみました。

　保育士は、来週、祖父母参観日が予定されていて、夢中で取り組むフルーツバスケットを披露するため、クラスにはＧくんだけを鬼にしたくないという気持ちがはたらいているように思う、と話してくれました。

　また、ある年長のクラスでは、赤チームと青チームに分かれてしっぽ取りゲームに夢中でした。敵方に取られたしっぽは、敵方後方のカゴに戦利品として集められていきますが、味方がその戦利品を奪って取られた仲間に渡すと、仲間が復活できるというルールでした。

　最後、仲間がわずかになってしまったとき、「助けて」とい

うコールに呼応して、注意欠如・多動性障害傾向のHくんが、意を決して、ラグビーのように敵をかわして、相手陣地奥深く入り、味方のしっぽを抱えると、すぐさま「自分はとられてもいいけど、みんな生き返って」とジャンプして抱えたしっぽを投げました。Hくんは年度当初は、衝動性があり、かんしゃくも多くみられ、友達からも「乱暴な子」と思われていましたが、この日は仲間の英雄になっていました。

　ゲームにあまりに夢中になり、正面で鉢合わせする子も何人かいましたが、こんなことで泣いてはいられないとすぐにゲームに復帰していきました。

　本当に真剣な活動やゲームになると、自分が得するよりも、仲間を助けたいという集団になっていくものだと実感しました。

保育士が前面に立たずとも、園児たちが主体になって進めていくクラスに

　このクラスは、グループ活動が活発で、お互いに「手を洗っ

た？」と確認し合ったり、グループリーダーが発達のゆっくりな友達に「つぎはこっちだよ」と手招きしたり、「○○さん、白い線より後ろに行って」など、相互のやり取りが適度になされていました。

　集団としても早く輪になってほしいときには、1人が「まぁるくなーれ」と声を上げると、多くの友達が「まぁるくなーれ」と早くゲームの隊形になるようにと、同調する風景が見られました。

　午後のカンファレンスで、「こうした相互協力で取り組んでいこうという集団になると、秋以降は、保育士が前面に立たずとも、クラスのリーダー当番やヘルパー当番、各グループリーダーが協力してクラスを運営していけるようになりますね」とつぎの展開を話し合ったことを思い出します。

　第1章でふれたような学級崩壊的なクラスであっても、第2章以降の取り組みを通じ、発達特性のある子も巻き込めるクラスづくりを進めていくなかで、園児が主体となった、相互に支え合うクラスづくりが実現していきます。

まとめ

- 園児自身、自分のことだけではなく周りの友達のことも考えることが、よいクラスづくりにつながる
- 学級崩壊的なクラスでも、園児が主体となった支え合うクラスづくりが可能

発達特性のある子にも、主活動保育士と加配保育士は暗黙のブレない対応を

主活動保育士の「あと30秒もちこたえて」に呼応して、加配保育士が「わかってる」と暗黙に応じる

　主活動保育士は、クラスの園児が「実行機能」をもって動けるクラスづくりに集中し、手ごたえある活動の組み立てを通じて、発達特性のある子も「入っていきたい」「ぼくもやってみたい」というモチベーションを高めていきます。加配保育士は、本人の特性を見極めながら、苦手な場面での過ごし方を工夫したり、集団に適応可能な場面を探り、スムースに集団に入っていけるための作戦を考えたりします。

　こうした主活動保育士と加配保育士の連携が、日常の積み

重ねのなかで、その都度、直接相談しなくとも暗黙のうちに進めていける連携のレベルまで高めていってほしいと思います。

　例えば、これから粘土製作に入ろうとする場面を考えてみます。保育士の説明を終え、粘土が配られ、製作に入るまでの間、着座で製作活動を待っている発達特性のある子が、「もう待てない。部屋から出ていきたい」という素振りになったとき、主活動保育士が、「あと30秒で粘土製作に入れる。それまでの間、無理矢理に座らせておくのではなく、安心グッズで時間をもたせてください」と、暗黙に加配保育士に伝えます。加配保育士は、「大丈夫。わかってますよ。○○くん、あと30秒、無理やりに座らせつづけるとおそらくかんしゃくを起こしてしまう。安心グッズに興味をもたせて待たせます」と主活動保育士の意図に応じます。

　あるいは、主活動保育士が「○○くん、昨日は待てたけど、今日は暑さのせいか、もう我慢できなくなっている。部屋から出ていってしまうくらいなら、先生の判断で連れ出してください」と暗黙に伝えます。一方、加配保育士は「今日は、昨日と違って我慢の限界になっている。飛び出るくらいなら、こちらの判断で連れ出します。給食室の前のいつもの落ち着ける場所で昆虫図鑑を見せて過ごします。頃合いを見てクラ

スに戻すので、粘土製作を始めていてください」と暗黙に応じます。

　こうした、発達特性のある子の、その都度の状況をつかみつつ、保育士相互が暗黙の意思疎通で動いていける連携まで高めてほしいと思います。

突然のスケジュール変更など
思わぬ事態のときにもブレない連携

　製作を終えたら園庭遊びの予定が、雨が降り出して中止になったというようなときにも、主活動保育士の「園庭遊びから、室内遊びに変更したいけれど、予定が変更になって○○くんが混乱しないようお願い」という意図を受けて、加配保育士が、○○くん用のミニスケジュールボードを見せながら、園庭活動から室内活動への変更を伝え、あわせて室内でどう過ごすか（例えばブロック組み立ての遊びで過ごすか、好きな図鑑を見て過ごすか）を選択させておきます。

こうした主活動保育士と加配保育士の連携によって、発達特性のある子が混乱なく、無用なかんしゃくを起こすことなく園生活を送れる配慮を積み重ねていってほしいと思います。
　連携のできているクラスでは、例えば、「プール活動後、クラスでの園児の着替えの状況等を見ながら、主活動保育士と加配保育士が時間差で自らの水着の着替えをすませて戻ってくる」「自由遊びの時間に発達特性のある園児同士がトラブルになりそうな前兆をとらえて、主活動保育士と加配保育士がそれぞれの園児にサッとかかわり、大事にせずにトラブルを防ぐ」といった連携が、主活動保育士と加配保育士のその都度のアイコンタクトで進めることができます。

> **まとめ**
> - 主活動保育士と加配保育士のブレない連携が、クラスのトラブルを防ぐ
> - その都度の状況をつかみつつ、保育士が相互に意思疎通して動き、連携する

Q & A

Q1

クラスづくりをしっかり進めていきたいと思いつつも、発達特性のある子や発達のゆっくりな子に対する着脱など身辺面のかかわりに時間を割いてしまいがちです。

A

身辺面に時間を割くよりは、
集団へのエントリー(参加)を優先する

　家で親や祖父母に着替えの手伝いをしてもらっている子に対して、保育園で1人での着替えを要求するのは難しいと判断し、保育士は身辺面の自立のために一対一のかかわりを多くしがちです。

　身辺面と集団参加のどちらを優先すべきかは、個々の子どもの状況によりケースバイケースともいえますが、ひとたび家庭から離れ、同年齢の集団に参加した以上は、集団への参加力、遅れずにエントリーする経験を強化することが、社会性あるいは社会化として重要だと思います。

　クラスで朝の会が始まっているのに、トイレや洗面所で加配保育士のマンツーマン対応で着替えの手伝いをしてもらうよりも、「アッ、始まった」と自らにドライブをかけ、たとえボタンを掛け違っていても朝の会に遅れずに駆け込んでくる

力を強化してほしいと思います。

　また、対応する保育士は、「身辺面に時間を割くよりも、『アッ、行かなきゃっ』という子どもの気持ちを育てるほうが大切」と受けとめ、着替えに手間どる子に対しては、丁寧に着替えさせるよりも、「やってもらえる」という依存心をもたせないように配慮しながら、「パパッ」と手伝って集団にエントリーさせてほしいと思います。

発達特性のある子や発達のゆっくりな子には、依存心をもたせないように配慮しつつ対応を工夫する

　こうした基本的な優先順位を大切にしながら、発達特性のある子や発達のゆっくりな子が、自ら着替えて集団に遅れずに参加できるための配慮をしていってほしいと思います。

　一般的に、発達特性のある子のなかには、視覚刺激に誘引されて目の前の着るべき服に注目できず、よそ見ばかりして一向に着替えを始められない子、左右・前後などの理解、変換に戸惑う（逆手バイバイ系）ために、着た服が後ろ前になってしまう傾向の子がいます。

　こうした子に対して、保育士がその都度マンツーマンでかかわってもなかなか自立には向かいません。むしろ、「やってもらえるし、苦手な集団に入るより先生と一緒に過ごしたほうがいい」という気持ちを強化してしまいます。保育士は発達特性からくる苦手さを見極め、手を出すのではなく、例えば、着替え場所を気が散らない部屋の隅に設定したり、後

ろ前の混乱がないように、マークなどの目印をつけるなどの配慮をしてほしいと思います。

　発達のゆっくりな子のなかには、手先や指先の巧緻性が育っていない子もいます。通常小さなボタン5個の服であれば大きめのボタン3個の服にしたり、靴のかかとの引っ張りひもが小さければ大きめにしたりするなど、いわゆる「8割達成」主義で工夫してほしいと思います。

クラスの多くの子どもが保育士の手伝いを必要としているとすれば、要求が高すぎると判断する

　身支度などで、クラスの子どもの多くが「先生、手伝って」と求めてくる場合には、そもそも子どもの成長に合っていない身支度を要求しているという判断が必要です。給食時のエプロンなど、蝶結びができずに多くの園児が保育士に対応を求めてきたりします。その際、8割の子が保育士の支援を必要としているとすれば、発達段階に見合わないレベルの高いことを求めていると判断してほしいと思います。

　その際、個別対応を強化しすぎたために、自分でできるのにあえて保育士に対応を求めてくるということのないように、「保育士」と「園児」の関係を、「保育士」と「幼児」の関係に戻さないよう、かかわりに配慮してほしいと思います。

Q2

発達特性のある子をお友達と一緒に遊べるようにしたいのですが、思うようにいきません。

A
感覚刺激で時間を過ごすことのないように、
まずは、道具で過ごせる配慮から

　すぐに、友達と一緒にと、仲間に入れようとするよりも、道具やおもちゃで遊べる力をつけさせていってほしいと思います。

　発達特性によりますが、おもちゃや道具を持たせたとき、自己刺激的に口に入れてしまったりする、口には入れないが、例えばミニカーなどのタイヤに興味をもって、クルクル回すだけであったり、ミニカーを単に一列に並べ続けたりする……。

　こうした遊び方であれば、友達と一緒に遊ばせるというのは難しい段階です。まずは、自らの身体を感覚刺激的に使う（口に指を入れる、唾液で遊ぶ、髪の毛を抜く、頭をたたきつづけるなど）という過ごし方に終始しないよう、同じ感覚刺激でも道具を使った感覚刺激に変えていく。こうした、道具でもちこたえさせる工夫をしつつ、保育士がかたわらで、

本人の心が動いたときに気持ちの共有化をしてあげるという関係（三項関係）を強化していってほしいと思います。

　ミニカーなどを「ブーン」と走らせながら見立て的に遊んだり、ブロックを組み立てたり、という操作性の遊びができるのであれば、平行遊び（同じ場所で同じ遊びをしながらも相互のかかわりがない遊び）でもいいので、友達のなかでかかわりの芽やきっかけを探っていくことが大切です。

　友達と、その都度役割を交換したり、やり取りを工夫したりして遊ぶごっこ的な遊びはレベルの高いものですが、例えば、赤ちゃん役やお母さん役など、固定した役割でかかわりを覚えていくことは比較的取り組みやすいので、まずは保育士が、例えば「赤ちゃん役」になり、ごっこ的な遊びを経験させていくなかで、友達を1人、また1人と誘い込んでいってほしいと思います。

　こうした配慮は、未満児や乳幼児のクラスでも同様で、単に保育士とマンツーマンで過ごすのではなく、活動を通じて保育士と気持ちを共有化できる三項関係を基本にしてほしいと思います。

ゲームや集団遊びは、集団参加を急がずに、動きの手がかりになる道具などを工夫する

　集団遊びやゲームなどは、関心の焦点をどこに向ければいいのか、あるいは、全体の風景をつかみながら、どこの動きに着目したらいいのか戸惑うため、すぐに集団に巻き込むと

いうのは本人の混乱や拒否を強化してしまいます。まずは、安心できる場所で、参加を無理じいしないよう、全体の動きを見学させていくところからのスタートが無難です。それでも、ゲームの意味理解は苦手なので、何か小物や道具を手がかりにして動きが理解できるようにする工夫が必要です。

あるクラスで、リンゴ・ミカン・バナナの陣地をつくり、保育士の「リンゴ」という指示に呼応してリンゴ陣地に逃げ込む、引っ越しゲームというゲームをしていました。こうしたゲームの意味理解が苦手なJくんに対して、Jくんにはリンゴ・ミカン・バナナの手持ちカードを持たせて、「リンゴ」にはリンゴ陣地にカードを入れるかごをおいて取り組ませていました。「リンゴ」という指示で、Jくんはリンゴカードを手にしてリンゴ陣地に走り、かごに入れるという形で陣地に逃げ込むことができていました。Jくんの特性に配慮して、ゲーム参加の成功経験をもたせてくれていました。

かけっこで「ヨーイドン！」と走りはじめても、トラックをうまくまわることができず、別の方向に走っていってしまうKくんに対しては、コーナーごとに手でハイタッチする札を立てる工夫によって、コーナーからコーナーへとトラックを外れることなく走りきっていました。

苦手なのだから無理させずに別室で好きな活動で過ごさせる、という判断をする前に、「何か工夫できないか」「保育士の補助としてテープを持ったりするお手伝いで参加できないか」など、工夫をしていってほしいと思います。

Q3

活動を早めに終えてしまい、することがなくなったときや、ゲームに負けて見学になったときなど、どうしてもじっとしていられず、お友達の活動を邪魔したりしてしまいます。

A
勝手な行動は問題行動だけれど、
保育士との約束のうえでの行動は問題行動にはならない

　発達特性のある子のなかには、「ダメ、いけない」という制止言葉で注意するとかんしゃくを起こしてしまう子がいます。「ダメ」と言われたときに、「じゃ、どうすればいいんだろう。Aという方法がいいのか、Bという方法がいいのか」というように、自ら頭のなかで、「ダメ」と言われない別の方法を考えて選択していくということが苦手な特性が背景にあると思われます。ある意味、こうした特性も「想像することの苦手さ」といえます。

　同じように、することがなくなってしまった、何をしていいかわからないというときも、「じゃ、どう過ごそうか」といういくつかの選択肢を考えて行動を決めていくということが苦手です。そのために、つい目の前の刺激に反応してしまいがちになります。結果として、こうした行動がトラブルにつ

ながってしまったりします。

　大切なことは、「勝手に教室を出ていくのは問題行動だけれど、保育士との約束で教室を出ていくのは正しい振るまい」「勝手な行動はトラブルになるが、保育士との相談で決めた行動は許される行動」という原則で対応していくことです。

プールが見学になったLくんも、意欲的にお手伝いで参加する

　発達特性のあるLくんは、風邪をひいたためプール活動が見学になってしまいました。プールサイドで落ち着いていられず、休憩後に取り組む宝探しのグッズをプールに放り投げてしまったり、プールサイドに立てかけてあった虫やごみをすくう網を手にしてプールで泳いでいるお友達にちょっかいを出そうとしたりで落ち着きませんでした。その都度、保育士から「ダメ、いけない」と制止されつづけたために、結果的にかんしゃくを起こしてしまいました。

　その日のカンファレンスで、翌日のプール活動をどう過ごすか相談しました。

　翌日の朝、Lくんが登園してくると、加配保育士は「Lくん、今日のプールの見学時間をどう過ごすか、作戦を立てよう」と提案し、プール見学の時間に3つのお手伝いをお願いしました。

- プール休憩後に宝探しをするので、Lくんは保育士と一緒に宝探しグッズをプールに放りこみ、友達の見つけた宝物

をかごに集める。それまでは、宝探しのグッズをLくんが管理するお手伝いをお願いする。
- 浮き輪でプールを泳ぎきって活動を終える時間帯に、保育士は男の子一人ひとりに浮き輪を渡す係、Lくんには女の子に浮き輪を渡す係をお願いする。
- 最後に、友達が着替えて給食が始まるまでの間、脱水機をかけた友達の水着を、加配保育士とハンガーにかけるお手伝いをお願いする。

　前日と打って変わり、この日のLくんは、積極的にお手伝いをしてくれました。

　トラブルになってしまってから対応するのではなく、何もすることがなくなってしまったとき、見学で過ごすとき、あるいはゲームに負けてしまってリタイアしてしまった——こうしたとき、想定される行動を予測しながら、あらかじめ、作戦会議でどう過ごすかを決めていってほしいと思います。

　発達特性のある子も、こうした取り組みを継続するなかで、「相談して決めていけばしかられない」「不愉快(ふゆかい)な思いをしなくてすむ」「みんなの役に立ってほめられる」という成功経験を積み重ねていってくれます。

ゲームで負けるとかんしゃくを起こしてしまい、なかなか気持ちの切り替えができません。

A
寄り添いすぎる対応も、突き放した対応も、どちらもかんしゃくを強化する

　ゲームで負けたくらいでそんなにかんしゃくを起こさなくても……と思ってしまいますが、かんしゃくを起こしやすい子は、「自分が勝てなかった」「思いどおりにいかなかった」という自分の気持ちと、「ゲームで負けたくらいで友達や先生との関係をこじらせたくない」という気持ちを比べたときに、前者の気持ちを優先してしまいがちな傾向があります。

　例えば、フルーツバスケットで何度も負けてしまったために、「ヤダー、もうしない」といすを蹴ったり、友達に手が出てしまったりのかんしゃくを起こしてしまい、給食時間になっても気持ちがおさまらないようなとき、どう対応したらよいのか。

　保育士の対応をみていると、配膳が終わり、給食が始まって落ち着いたころに、気持ちを慰(なぐさ)めたり、機嫌を取ったりするなどの対応のあと、少し機嫌がよくなった頃合いを見計

らって、抱っこ気味にいすに戻し、食事に誘う対応をしたりします。

　こうした対応を継続すると、そのときは機嫌を直してくれますが、「かんしゃくを起こしたら慰めにきてもらえる」「機嫌をよくさせてもらえる」という経験を積み重ねていくので、かんしゃくの頻度や激しさを増してしまう傾向をつくりやすくなります。

　また一方で、甘やかしすぎると増長してしまうのでは、という判断から、「時間になっても給食にこられないのならお片づけしますよ。お約束はお約束です」というような、やや突き放した対応をすると、不快な気持ちのうえに、さらに不快な対応をされて気持ちがおさまらず、ドアを蹴ったり、自らをたたいたりする自傷・他害的な言動を引き起こしてしまうこともあります。

　多くは、こうした慰めと突き放しの対応がその時々の判断でくり返される場合に、かんしゃくの頻度や激しさをさらに増幅してしまいます。

**手がかりを与え、
園児自ら気持ちを切り替える方法を学習させていく**

　筆者がさまざまな場面で保育士と相談しながら試みてもらった対応で、もっとも理にかなっているなと思う対応方法があります。それは、対応する保育士の、「私は、あなたの機嫌を、あなたに代わってよくさせる対応はしません。だれ

かに機嫌を直してもらわなければ機嫌を直せない子になってしまうと、これから、友達との関係がますますうまくいかなくなります。ただ、自分で気持ちを切り替えることが苦手な特性があることは理解しているので、気持ちの切り替えのきっかけになる手がかりは用意し、あなたの気持ちが切り替わるのを待ちます」――こうした、ブレない姿勢でのかかわりです。

　例えば、「フルーツバスケットで負けてしまって悔しかったね。明日に向けて、どうしたら勝てるか、負けたときにはどうするか、給食のあとで、作戦会議をもちましょう。給食の時間になっています。気持ちを切り替えられたら席に戻ってください。エプロンをおいておきます」。

　こうした対応で一貫していくと、「機嫌をよくさせてはくれなかったけれど、気持ちはわかってくれた。突き放すこともしなかった。そして、自分が戻りやすいように、立ち直りのきっかけづくりとしてエプロンはおいていってくれた」。こうした受けとめのなかで、しばらくして、自ら気持ちを静めつつ、エプロンを持って席に戻ってきてくれたりします。こうして、かんしゃくを起こしてしまったときの気持ちの切り替えの学習を積み重ねてくれます。

　対応を一貫していくためには、保育園の職員が一致した対応の意思統一をしていくことが大切です。

Q5

お友達に手が出るなどの乱暴な言動が目立ち、お友達からも「○○くんは乱暴」と思われるようになってきてしまっています。

A
クラスが安心な場所であるという事実を
保育士が証明していく

　トラブルになったところで保育士が仲裁に入り、「どうしたの？　○○くんもたたかれたらいやでしょ。ごめんなさいして」という対応がくり返されることがありますが、こうした対応によって自ら反省して、次回からは手を出さなくなるという成果を得ることはなかなか期待できません。

　「乱暴なことをしてはいけない」ということを頭でわかることと、自分をセーブして「乱暴なことはしない」という自己コントロールをはたらかせることは別であると理解してほしいと思います。

　まず、保育士が何よりも取り組んでほしいことは、「このクラスにはお友達に手を出してしまう子もいるけれど、私たち保育士がいる限りは、絶対安全です」という姿勢を示しつつ、安全であるという事実を積み重ねていくことです。

そのためには、ことが起きてしまったあとで反省の場を設けるよりも、きちんとクラス全体に目を配り、手が出そうな場面ではすぐさま制止する、という機敏な動きを積み重ねることが大切です。

筆者はこうした場面に翻弄(ほんろう)される保育士に対し、「クラス全体にしっかり目を配り、0.3秒の反射神経で制止してください」、さらに「手を出してしまう園児がどのような場面でこうした行動が頻発するかをよく観察し、危険レベルを判断する力をつけてください」とお願いします。

そして、手を出されてしまう園児を守りきるとともに、手を出してしまう園児を周りから「乱暴」というイメージをもたれてしまうことからも守ってほしいと思います。

そのためにも、保育士は個々の園児にかかりきりになって、半径1〜2メートルの視野で動くのではなく、必ず1人の保育士は、「園児一人ひとりが実行機能をもって動けているか」「トラブルの芽はないか」「クラスの環境づくりなどに工夫の余地はないか」など、しかるべき立ち位置で全体にしっかりと目を配っていくことが大切です。

手を出さない自己コントロール力を身につけさせていく

そして、心のなかで、手を出してしまう園児に対して「今は反省をうながしてもつぎの行動につながらないので、あなたがよくない経験を積まないように防ぐ対応をしているけれど、いずれ手を出さない振る舞いをどう身につけていくか、

学習させてあげるから」と、つぎの取り組みのステップを探ってほしいと思います。

　そのためには、保育士の意図を理解して行動できる力をつけてもらうことが大切です。

　例えば、「○○くんには、毎日、○○のお手伝いをお願いします」と約束し、それを積み重ねていくと、必ず意気に感じて動いてくれる子に変わっていきます。お手伝いをきっかけに、さまざまなことに関して、作戦会議の場面をつくることができるようになります。

　友達に手を出していた園児も「○○先生は、ぼくをしかるために近づいてこない。ぼくがよい行動をするための相談で近づいてくる」という関係の変化を理解するようになります。

　こうした関係になれば、「カッとなったとき」「衝動的になったとき」「かんしゃくを起こしそうになったとき」にどう振る舞えばいいのか、本人と「作戦会議」と称した相談ができるようになります。

　「カッとなったら、先生の顔を見て。先生、手を握りしめるから○○くんも手を握って、1、2、3と数えましょう」「今、練習してみましょう」「○○の部屋に行って、イライラクッションをたたいて戻ってきましょう」というように、友達をたたくことなく回避できる方法を一緒に考えていけるようになります。衝動的に手を出していた園児も、手を出しそうな瞬間、「ハッ」となって、保育士の顔を見るような癖もついてきます。

おわりに

　筆者は、5月の連休が明けたころから、県内の保育園や幼稚園の巡回指導を開始します。そして、晩秋から冬にかけての巡回を迎えたころ、「この1年を振り返ってみてどう手応えを感じていますか？」と、1年間お付き合いのあったクラスの保育士さんに感想を求めることがよくあります。

　多くの保育士さんは、「子どもたちに、これほど力があるとは思っていませんでした。つい必要以上の指示を出してしまったり、手を出しすぎてしまったりしていましたが、そうしたかかわりが子どもたちの力を削(そ)いでいたんだと感じます」と話してくださいます。

　巡回当初は常時ニコニコ顔で、一人ひとりの園児に頻回にかかわりをもち、ひたすら動きまわっていた保育士さんが、そのころには、ほどよい緊張感をたたえた表情で、自らの立ち位置をしっかり定め、クラス全体を俯瞰(ふかん)するだけで、子どもたちが快適に活動から活動へと動いていく。当初は集団適応が苦手だった発達特性のある子も、どこにいるのかわからないほどに集団に溶け込んでいたりします。

　保育士自身も変わってくれたなと感じます。

さらに「保育士として、春のころの自分と今の自分を比べると、どちらが自分の理想に近いですか？」と尋ねると、「今のほうがはるかに保育士として感動があります」と話してくれる保育士さんに多く出会いました。
　初めて訪問する保育園では、行政の担当者も同席されることがあります。その際、「この自治体は、どういう園児像を求めていますか？」と尋ねます。
　保育にはさまざまな求める風景があると考えます。
　まだ幼い乳幼児が家庭から離れてくる場所だから、うんと可愛がってあげたい、ギュッと抱きしめてあげたい。あるいは、自然に触れる経験の少ない時代、保育園では森や川に出向いてたくさん自然と触れ合わせてあげたい――さまざまなイメージがあります。
　同席された自治体の担当者に、「もし、『保育士に世話をやかれずとも自ら動ける子』『どうせ活動をするのなら、真剣に夢中で取り組める子』、そうした園児像を期待してくださるのであれば、１年間お付き合いください」とお伝えします。
　発達特性のある子も巻き込んだクラスづくりを進めていく際には、きっとこの本の内容はお役に立てるのではないかと思います。

本書を刊行するにあたり、多くの実践のヒントを与えてくださった長野県内の数多くの保育園、幼稚園のスタッフの方々、素敵なイラストで内容の理解を助けてくださったあべまれこさん、本づくりの伴走者としてかかわりつづけてくださった中央法規出版の三井民雄さん、佐藤亜由子さんに感謝いたします。

著者紹介

福岡　寿（ふくおか　ひさし）

[略歴]
昭和56年　東京大学文学部卒
同　　年　長野県内中学校教師
昭和60年　知的障害者更生施設長峯学園 指導員
平成 2 年　地域療育拠点施設事業 コーディネーター
平成10年　社会福祉法人高水福祉会 常務理事
　　　　　北信圏域障害者生活支援センター 所長
平成15年　長野県社会部障害福祉課障害者自立支援課
　　　　　専門員兼務
平成27年　法人 参与
現　　在　日本相談支援専門員協会顧問

[主な著書]
- 『施設と地域のあいだで考えた』ぶどう社、1998年
- 『三訂 障害者相談支援従事者初任者研修テキスト』中央法規出版、2013年
- 『こうすればできる！ 発達障害の子がいる保育園での集団づくり・クラスづくり』エンパワメント研究所、2013年
- 『相談支援の実践力──これからの障害者福祉を担うあなたへ』中央法規出版、2018年　ほか多数

気になる子が活きるクラスづくり
発達特性を踏まえた保育のコツ

2019年3月20日　初版発行
2020年8月1日　初版第3刷発行

著　者　　福岡　寿
発行者　　荘村明彦
発行所　　中央法規出版株式会社
　　　　　〒110-0016　東京都台東区台東3-29-1　中央法規ビル
　　　　　営　業　Tel 03(3834)5817　Fax 03(3837)8037
　　　　　取次・書店担当　Tel 03(3834)5815　Fax 03(3837)8035
　　　　　https://www.chuohoki.co.jp/

印刷・製本　　株式会社アルキャスト
装幀デザイン　二ノ宮　匡（ニクスインク）
本文デザイン　タクトデザイン事務所
装幀・本文イラスト　あべ　まれこ

定価はカバーに表示してあります。
ISBN978-4-8058-5847-9

本書のコピー、スキャン、デジタル化等の無断複製は、著作権法上の例外を除き禁じられています。また、本書を代行業者等の第三者に依頼してコピー、スキャン、デジタル化することは、たとえ個人や家庭内での利用であっても著作権法違反です。
落丁本・乱丁本はお取り換えいたします。
本書の内容に関するご質問については、下記URLから「お問い合わせフォーム」にご入力いただきますようお願いいたします。
https://www.chuohoki.co.jp/contact/